職場女魔頭使用說明書

川村佳子
Keiko Kawamura

前言

身為人類，我們是一種追求存在感的動物。又因為過度追求「我是有存在價值的人」，人世間才總是上演著各種悲喜交加的戲碼。

「我是有存在價值的人」代表人類在本質上追求的不僅僅是「活著」（being），窮極一生我們都在試圖透過「完成」（doing）什麼，來感受自己確實活在這個世界上。

近年來，我開設的心理諮商所接到了愈來愈多關於「職權騷擾」（Power Harassment）的諮詢，我認為這是非常嚴重的問題。根據日本厚生勞動省[01]的定義，職權騷擾是指：「對於在相同職場工作的人，利用職場關係中的優勢地位，做出超出業務範圍之行為，造成對方精神或肉體上的痛苦，或做出有害職場的事情。」

不過，「騷擾」（Harassment）這個詞的涵義其實很廣，型態也不一而足，包含各種情境、不同程度傷害他人的行為，無論明示或暗示、言語或動作、霸凌或暴力都是。但核心定義是，不論說話者或行為人是否故意，只要其言語或行為「讓對方感受到不舒服、傷害他人尊嚴、損害他人權益，或對對方造成威脅」，都算是騷擾。

騷擾不僅限於職場，也發生在學校、社區、媽媽圈、同好會等各種組織與團體，已經根深柢固，成為重大的社會問題。尤其這幾年，接連有許多個案因為飽受「某種女性」的惡意騷擾，前來向我諮詢，讓我不由得對這個議題保持高度關注。

在本書中，我將這種過度追求存在感，以致對他人做出騷擾行為（包含捉弄、霸凌等）的女性稱作「女魔頭」。

看到「女魔頭」這個詞時，各位會聯想到什麼樣的人呢？

◎充滿敵意、愛跟人比較的女性。

◎每當公司有新人進來，就要欺負人家的女性。
◎明明是同事，卻老是一副主管模樣的女性。

凡是超過三人以上的女生群體，一定會有人擔任領導者，那個人就決定了這個群體的走向。

有領導者並非壞事，不論男女群體，好的領導者會帶領團隊往好的方向發展，是引領眾人前行不可或缺的重要角色。

只不過，有時會發生領導者逾越了界線，把個人好惡或私慾擺在團體利益的前面，一旦出現不服從的人，就將之討伐、驅逐。而且這種狀況相較於男性群體，更容易發生在女性群體當中。

之所以如此的理由，我會在本書詳細說明。我想強調的是，「女魔頭」就是左右女性人際關係中的關鍵人物。一旦團體裡出現了女魔頭，八九不離十都存在著騷擾問題。這股肉眼看不見的力量，正是主導女性人際關係的強大壓力。甚至身處在女性較多群體裡的男性，也很可能成為受害者。

騷擾，其實離我們每個人都不遠，不但人人都可能成為被害人，甚至不知不覺變成加害人也不無可能。

在本書中，我會盡可能將騷擾的模式、實際的諮商案例、女魔頭的真面目，乃至於如何保護自己不受女魔頭所苦的應對方式，全都一一告訴各位，希望多少能幫助到正在為此煩惱的人。

各位身邊或許也有「女魔頭」，我希望透過這本書，和大家一起好好思考這個議題。

01 相當於結合了臺灣衛福部與勞動部的政府機關。

目次

目次

第三章／深受女魔頭所苦的人無所不在

第四章／女魔頭的生態——偏差心理與行為模式

第五章／如何保護自己不受女魔頭傷害？

第六章／如何不讓自己變成女魔頭

職場女魔頭使用說明書

第一章　騷擾是怎麼發生的？

什麼是騷擾？

所謂「騷擾」，具體來說包含捉弄、找碴、排擠、霸凌等各種小動作與行為，可能是精神攻擊，也可能是肢體暴力。後續篇章會詳細說明女魔頭依其特徵主要分為兩大類，再按其特有的攻擊模式又可分為十種。

職場中常見所謂的「職權騷擾」。日本厚生勞動省將職權騷擾分為六種代表性的類型（二〇二〇年六月實施的《職權騷擾防治法》）。這些行為標準有助於我們判斷工作環境中是否有人的言行舉止屬於職權騷擾，值得藉這個機會逐一確認：

職權騷擾6大類型

1 暴力、傷害（肉體上的攻擊）。

2 強迫、妨害名譽、羞辱、口出惡言（精神上的攻擊）。

3 孤立、排擠、冷落（人際關係上的切割）。

4 強迫執行業務上明顯沒必要或無法達成的事項，或妨礙業務執行（過高的要求）。

5 在缺乏業務合理性的情形下，指派明顯低於當事人能力或經驗的工作，或不指派工作（過低的要求）。

6 過度干涉當事人的私領域（侵犯隱私）。

——出自厚生勞動省的資料

容易發生騷擾問題的5種職場

根據厚生勞動省的統計，全日本三百七十九所綜合勞動諮詢窗口所收到的諮詢件數，二〇一九年共一一九萬七八二件，較前年度增加了八．六％。

這些諮詢件數中，二七萬八八八八件屬於民事上的個別勞動紛爭，理由以騷擾或霸凌為最多，共七萬九一九〇件（占比為二二．八％），已經連續九年高居第一；其次為自願離職，有三萬九四九八件（占比為一一．四％）；資遣則有三萬七八二件（占比為一〇．九％）。由此可知，前來諮詢的案件裡，每四件就有一件是騷擾相關案件。

在此，我想鄭重向各位說明一點：提到騷擾或霸凌，我們很容易只將焦點放在加害者身上，但其實不少狀況都與職場文化脫離不了關係，所以，**必須同時從加害者個人與整體環境一起來思考**。一般來說，有以下特徵的職場容易發生職權騷擾：

①經常需要加班或假日上班，職場氣氛讓人很難開口請假。

②不允許犯錯，工作環境高壓。

③主管和下屬之間、同事們彼此之間很少（或沒有）對話，包含不打招呼、不聊天、不會互相幫忙。

④職位與上下權職關係[02]不明確。

⑤有息事寧人主義的主管。

為什麼有這些特質的職場容易出現騷擾問題呢？以下讓我們逐一思考。

首先是①的職場——**經常需要加班或假日上班。**

人只要一忙起來就很難對別人寬容，光是自己的事情就處理不完了，哪有力氣顧及他人？久而久之，態度也會愈來愈不客氣。特別是針對做不出成果或動作比較慢的同事，容易用苛刻的態度、惡劣的口氣對待，一旦愈演愈烈就成了職場霸凌。

②的職場——**不允許犯錯**也是一樣。

人只要有「不准犯錯」、「不能拖累別人」的念頭，就得隨時繃緊神經，一刻都無法放鬆，如此一來就變得跟①的職場一樣，對待同事愈來愈嚴厲。

接下來是問題最大的③的職場——**主管和下屬之間、同事們彼此之間很少（或沒有）對話**，也是最容易出現騷擾問題的類型。

一旦同事之間缺乏互動，很容易產生「A不是那個意思」，但「B的感受就是那樣」的情況。例如當事人完全沒那個意圖，卻被認為是騷擾。反過來說，當同事們彼此常有互動機會，溝通管道暢通無阻，只要不是出於惡意，就很難出現騷擾問題。

即使在同個公司上班，不同部門間鮮少交流或對話是常見情況。所以不分主管或下屬，積極溝通是防止騷擾發生的重要關鍵。良好的溝通可以增進彼此間的理解，降低誤會與衝突發生的機會。不僅如此，從我過去的個案中也能看到，溝通能讓人產生幸福感，也會為工作帶來好的成果。

至於④和⑤，我會在後續章節（詳見第三章）另行說明。

02　又稱「指揮鏈」（Chain of Command），明確的指揮鏈能讓員工知道遇到問題時該向誰尋求協助、問題無法解決時又該向誰負責。

騷擾行為背後的2大心理因素

為什麼這世上會有人做出騷擾行為呢？針對這個大哉問，我認為主要理由是人類內心深處潛藏的「不安」與「恐懼」。

人生在世，每個人或多或少都有感到「不安」的事物。人是一種渴望自我存在感的動物，想證明自己的同時，也會追求安穩的生活、與值得信賴的朋友來往。

但當這樣的安全感受到威脅時，對人類而言，宛如遭遇一場左右生命存亡的危機。一旦感受到危機，便會產生不安或恐懼的情緒。例如「不確定這份工作可以做到何時」、「目前看似穩定的生活不知能持續多久」，這些應該是很多人都會有的不安。

以男性來說，不但要擔心「能否順利升遷」、「會不會被同梯或後輩超越」，社會加諸在他們身上「不能隨便示弱」、「像個男子漢」的壓力，更讓男性喘不過氣。

女性在現代雖然有更多選擇與發展的機會，但也會擔心「該不該結婚生小孩」、「能否兼顧工作和育兒」。

而且，現在不分男女，晚婚或不婚不生成為常態，很多人會擔心「老了還是一個人該怎麼辦」。這些不安雖然不具體但也揮之不去。

各族群、世代也都有著各自的不安。小孩會擔心「在學校能不能跟同學好好相處」；老人家會擔心「身體愈來愈不好」、「存款不夠用該怎麼辦」；較少和外界接觸的人，心中可能藏著與日俱增的孤獨感。尤其是當缺乏人際關係的滋潤，或社會連結愈來愈薄弱時，孤獨感便在心中蔓延開來，不斷加深不安與恐懼的情緒。

無論擔心的理由為何，為了保護自己不被不安與恐懼吞噬，便會徹底排除可能對自己「有害」的事物，這就是「心理防衛機制」，是一種下意識反應，也是人類與生俱來的本能。簡單來說，就是用攻擊來保護自己。

不分男女，**會做出騷擾行為的人，可說是一群最不安、最恐懼、最感到強烈孤寂的人。**他們會因為某種理由產生危機感，並且極度害怕，言行舉止都帶有強烈的攻擊性。

為什麼女生多的世界總是有點麻煩？

女生的世界除了一般「表面上的社會階層」外，還有一種「女生世界特有的階層」。

男性的世界是「任務達成型」，順利完成被交付的任務並獲得稱讚就會感到滿足。但女生的世界不是這樣。

女生的世界是「感受存在型」。女生其實很在乎能否向旁人證明自己的價值，並且獲得認同。如果得不到認同，自己的存在就變得毫無意義。更進一步說，只要能讓自己的存在意義獲得認同，做什麼都無所謂，極端一點就會變成這樣。

特別是「女魔頭」，她們心中的不安與恐懼格外強烈，所以極度渴望讓別人知道自己與眾不同。這種心態我稱為「自我證明的慾望」。

女生的感受存在型世界就是有點麻煩，所以容易出現女魔頭的角色。只要感受到他人對自己有害，就會不擇手段攻擊對方，誓死保護自己的地盤。

各位一旦運氣不好被捲了進去，想在那樣的世界生存下來是非常殘酷的。

此外，在女性比例多或由女性主導的職場環境裡，男性若要在女生特有的世界成功存活下來，可能會模仿女性的行為模式或領導風格，也就是主動選擇成為「**男性版的女魔頭**」。

女魔頭的行為一旦愈演愈烈，病態的職場人際關係、手段卑鄙的精神暴力就會不斷上演。長此以往，不但導致員工身心健康出問題，企業也會因人才流失，面臨經營危機。最壞的結果是，女魔頭成為組織中的支配者，對他人進行思想控制或肢體暴力，甚至可能逼人走上絕路。

養出這樣的人，甚至讓這種人「成長茁壯」的詭異世界，就在你我的身邊！舉凡職場、校園、媽媽圈、親戚間、同好會、地方社區、社群媒體，任何領域都能看到女魔頭的身影。

諮商室是騷擾被害人的張老師

〈前言〉提到人類是一種追求自我存在感的動物，渴望「被認同」、「被需要」是人之常情。但太過追求自我存在感，會引發各種意想不到的問題，特別是騷擾與霸凌。

不分男女，來到我的諮商室的個案們之所以內心感到痛苦，都是因為他們正在遭受騷擾或霸凌，但卻未曾察覺。我也見過不少父母因為孩子在學校被霸凌而十分苦惱。諮商室可說是蒐集各種騷擾案件的場所。

我遇到的個案形形色色，以下舉一些常見案例：

◎因為不想破壞職場或團體氛圍，拚命迎合女魔頭。

◎因為不想變成下一個被霸凌的對象，對女魔頭的惡行選擇睜一隻眼閉一隻眼。

◎因為長期遭受女魔頭霸凌，身心不堪負荷，必須定期就醫，最後不得不辭職。

◎因為遭遇職場霸凌，只得不斷轉職，導致無法累積工作經歷，對職涯造成嚴重打擊。

◎因為基本人權與尊嚴受到女魔頭侵害，最後決定提起訴訟。

這只是一小部分案例，實際上我見過更多內心受傷卻仍不斷忍耐、奮戰到底的人。

而且不只大人，小孩的世界也存在著許多精神暴力，這是我從事心理師工作後再次深切體悟到的事，令人震驚又悲傷。如果我們希望孩子將來能在健全的環境成長，身為大人的我們就必須先做出改變。

正在閱讀本書的讀者當中，或許有人正因霸凌或各種大大小小的騷擾行為所苦，很多心理師都常接觸這樣的個案。當各位心中出現疑惑，想知道為什麼所處環境會出現霸凌行為，又該如何解決，心理諮商所是可以尋求的管道。所以，請不要獨自躲在角落煩惱，請務必找心理學專家或諮商心理師聊聊。

對於目前為止的內容，如果你感到心有戚戚焉，認為「身邊就有這種人」，那麼本書一定會對你有所幫助。如果你感到「似曾相識」，內心深處隱隱作痛，本書會陪伴你梳理過去記憶，療癒內心傷痛。即使看到這裡的你想把書本闔上，認為這些內容「跟我無關」，我也衷心祈望未來當你遇到困難時，這本書能帶給你幫助。

接下來的第二章，我會進一步說明女魔頭的騷擾行為類型。

職場女魔頭使用說明書

第二章　騷擾行為的真相

人稱「女帝」的女魔頭教師霸凌與施暴事件

我平常除了在自己經營的心理諮商所工作外，也會到政府機關和公司行號的醫務室提供諮商服務，此外也開設以小學生為客群的藝術治療課程。因此，我接觸的對象不分性別，橫跨廣大年齡層，從十幾歲到六十幾歲都有。

另外，我也積極投入各種志工活動。長年累積下來，和許多社區團體都建立了一定的關係。

這些經歷的加乘下，大概在我從事心理師工作十年後，「某種女性樣貌」在我腦海中逐漸變得清晰，那些女性正困擾著我的個案。每次聽到的都是類似的故事，有時是在諮商室，有時是聽朋友說，從事這份工作的每一天，那些故事好像從未中斷過。

「你遇到的情況，我之前也有聽過。」

「咦？也有人跟我遇到同樣的事嗎？」

儘管我幾乎未曾親眼見到那些困擾我個案的女性，但她們的模樣卻屢屢出現在我的腦中，從一開始的短暫停留，到後來再也無法從腦海中抹去。

就在此時，電視新聞上出現一位和我腦海中的女性形象完全重疊的人物，那就是二〇一九年神戶市立東須磨小學發生的教師霸凌與暴力事件[03]。

身在教育現場的老師應該以身作則，成為學生的榜樣，但卻發生這樣的憾事，我對此震驚不已的同時也感覺到，原本散落的拼圖突然全部拼湊起來，一切都變得清晰了。

事件主嫌是一位私下被稱為「女帝」的女老師。這起事件讓我終於見到個案們口中深深折磨他們的女性，究竟是什麼樣的人物。

「女帝……主嫌竟然也是女性……」

究竟整起暴力事件是怎麼發生的？為什麼主嫌是女性呢？又是什麼樣的組織結構會養出被稱作「女帝」的老師呢？

這起事件就像是老天爺的安排，觸發我著手研究騷擾行為的因應對策。

我下定決心認真面對這個問題，徹底研究支配他人的「女魔頭」有哪些心理特質，讓她們如魚得水的組織結構又有哪些特徵。

先說結論：**女魔頭都是「騷擾慣犯」，而縱容這種人的組織都以「傳統」之名行「陋習」之實。**我觀察到，正因為有這些從過去保留下來的「有毒」文化與規矩，女魔頭才得以握有某種「實權」，獲得堅實的「靠山」。她們運用實權與靠山，一而再再而三做出騷擾行為。神戶市立東須磨小學霸凌與暴力事件的主嫌也毫不例外。

接下來，我會分析這類女魔頭的特徵，並介紹常見的騷擾模式。

03　二〇一九年，神戶市立東須磨小學一名年輕男老師遭到四名較年長的老師（三男一女）霸凌與施暴，包含被迫在眼睛塗抹辛辣食物、言語辱罵、毆打、以摔角招式攻擊等。該校管理層僅將此事輕描淡寫為職場人際糾紛。

用陷害他人維持優勢

我再強調一次，騷擾行為是精神暴力，是霸凌，是絕不可容許的行為。精神暴力由於肉眼看不見，所以較難察覺，不少當事人往往到了失去判斷能力、身心嚴重失衡的地步，才察覺到原來自己正處於精神暴力之中。有些個案因為不斷被攻擊性的態度對待，甚至飽受各種卑鄙手段欺負，內心留下嚴重創傷。

如同我之前所說，會霸凌別人的人，心中充滿著強烈不安與恐懼，而且無時無刻不受這些負面情感擺布。每個人心中多多少少都有些不安或恐懼，而想保持健康的心，就要練習面對那些負面情緒。但女魔頭不去尋求「靠自己努力」這種積極做法，轉而尋找團體中看起來有害或弱小的人，想盡辦法挑對方毛病，故意找碴。

她們腦中想的是，只要陷害對方，就能讓自己保有優勢，當然這是錯的。

她們會把所有注意力放在觀察他人的一言一行與工作表現，並且雞蛋裡挑骨頭，再微不足道的錯誤都不放過。

由於揮之不去的不安與恐懼隱隱作祟，她們對別人的言行舉止總是斤斤計較、吹毛求疵，而且想盡辦法打壓、詆毀，好讓自己占上風，這都是為了保護那脆弱不堪的心。

用盔甲包裹空虛的心

另一項重要特徵是，她們對頭銜（職稱）或地位（位階）的執著程度異於常人，深信這就是自己的存在證明。但頭銜地位說穿了只是外在的盔甲，如此執著其實也正代表脫掉盔甲後，她們什麼也不是。

女魔頭感受不到自己的存在價值，也害怕被發現自己根本不是個咖。而一旦失去頭銜或地位，就意味著失去了「存在的證明」，所以才對這些東西緊抓不放。

那是不是愈響亮的頭銜愈好呢？其實不盡然。說穿了，頭銜的實質內涵根本不重要。公司裡最資深的「〇〇一姐」也可以，「名譽〇〇」或「〇〇顧問」之類的榮譽職也行，甚至只是「〇〇組長」、「〇〇社區委員」都好，只要看起來稱頭、聽起來不差，她們就滿意了。

即使名不符實，但為了逃避內心的恐懼，為了保護脆弱不堪的自己，就必須誓死守護那份頭銜與地位。

重視頭銜地位並非壞事，也有因為獲得頭銜而努力付出相應表現的員工、晉升管理職後認真培育後進的主管，在公司以外的地方也有著努力奉獻、回饋社會的人。但如果頭銜的用處是便於確保自己比他人優越，甚至利用地位欺負弱小，那就是濫用職權了。

老實說，真正有自信的人根本不需要披上盔甲。沒實力、沒內涵、脆弱又玻璃心的人，才需要披上名為頭銜或地位的盔甲來武裝自己。

自戀這種病

會做出騷擾行為的人還有一項共通點——「自戀情結」。簡單來說，自戀就是「自我陶醉」。各位可能以為就像女生可以花好幾個小時在鏡子前化妝一樣，不是什麼太大問題，但實際上這是一項嚴重問題。自戀不但是導致個人煩惱的根源，更可說是人類自我迷惘的源頭。

想對付女魔頭，有必要先好好了解什麼是自戀。我甚至可以說，騷擾行為的背後都是自戀心態所致。但很多人可能不理解這個道理，女魔頭自己更是毫無自覺。

自戀女魔頭患有「意識」與「潛意識」的解離。她們自認「很厲害」、「很特別」，充滿優越感，但潛意識裡卻懷抱著無比的自卑感、極低的自我評價，所以才如此不安與恐懼。這種解離，正是讓她們陷入一團混亂，也讓身邊的人痛苦不堪的原因。

這樣的解離狀態，讓她們無法從內在獲得穩定的自我認同，必須轉為依賴外部的讚美來維持自尊，補償內在的不足。一般來說，我們聽到他人的讚美都會感到開心，但讚美的意義也僅止於此。對於有自戀情結的女魔頭而言，沒人稱讚就會感到空虛、沒意義。她們對讚美的渴求幾乎是強迫的程度，甚至強烈到就算去死也在所不惜。

如此強迫性的渴望，正源自於嚴重的「自卑感」。

強烈的自卑感

有著強烈自卑感的人心理脆弱、自我價值感低落，必須時時刻刻確認自己是否比他人優越。

「我現在是比別人強？還是輸給別人？」

各位或許很難想像，她們會在自己的小宇宙裡，花費大量心思反覆確認自己是否位居優勢，對微小過錯過度反應。如此強烈的渴望，已經稱得上是強迫症狀了。

自卑是一種很不好受的負面情感，如果可以獲得肯定，沒有人想要感到自卑。但即使如此，並不是人人都需要時時刻刻獲得他人讚美，況且他人的評價只是一時的，可能隨著時間環境有所轉變。

女魔頭為了逃避內心的自卑，創造出比真實的自己更偉大、更誇大的自我形象，以獲得他人稱讚。但即使他人的讚美讓她們感到眉飛色舞，卻很難單純因為獲得讚美而有真實的存在感。為了獲得更強烈的存在感，便不斷追求更加誇大的自我形象，藉此感受「我真厲害」、「我真優秀」，但這不過是掩飾內心自卑、自我保護罷了。

所謂的「自戀型人格」就是這樣。意識裡感受到的是優越感，潛意識裡卻是自我輕蔑。這種解離現象就是自戀情結的原理。

自戀情結與攻擊性

寫到這裡，我想先請各位理解「自戀情結」與「攻擊性」之間的關係。我認為缺乏對兩者關係的理解，不僅無法解決職權騷擾問題，對於各種殘忍又悲慘的犯罪事件也束手無策。

有關自戀情結與攻擊性的密切關聯，最早是由俄亥俄州立大學的教授發表了研究結果，後續也有許多相關研究。震驚大眾的霸凌事件與慘無人道的殺人案件不只發生在日本，在全世界都是嚴重的社會問題。

日本社會學學者加藤諦三老師說過：「我們必須理解自戀情結對於個人、國家，乃至於人類都是極其危險的，若缺乏這項認知，我們只會不斷用錯方法，無法解決問題。」希望各位不要認為事不關己，而是一起認真思考為何這類事件一再發生。

多數霸凌或殘忍事件的根源，其實都來自於自戀情結。回顧過去日本曾發生的相關事件，都可從「需求無法獲得滿足」與「攻擊性」，或「自我價值感低落」與「攻擊性」的關係去理解原因。例如把長年累積的不滿發洩到他人身上、自尊心低落以致感受不到幸福、把整體社會當作攻擊目標並進而犯罪等，都可追溯到上述原因。

那麼近年的情況又是如何呢？

「因為他批評我，所以我把他給殺了！」

我感受到的是一種遭受攻擊就立刻還手，快速且強烈的攻擊性。對自戀型人格的患者而言，（他人對自己）的批評有如哽在喉嚨上的魚刺。喉嚨卡著魚刺會帶來極度不適與疼痛，任誰都想要除之而後快。自戀型人格者就是這樣，內心深處的自卑感讓他們禁不起任何批評或些許失敗，一旦受到批評，不立刻還手就無法忍受。

所有幼兒身上都可看到自戀傾向與攻擊行為，我們每個人剛出生時都帶著自戀情結。幼兒由於發展尚未成熟，行為舉止都以自我為中心，例如強烈渴望獲得父母或照顧者的愛與關注，得不到時會出現一些攻擊行為，用來表達不滿，或試圖引起他人注意。

但是，當一個成人還維持著「因為他批評我，所以我就立刻回擊」的行為模式，又意味著什麼呢？這代表他的身體雖然長成了社會上認知的成人，心智卻還停留在幼兒階段。

缺乏同理，高高在上

前面提到自戀型人格者一方面帶著優越感，覺得「我好厲害」，同時又帶著強烈的自卑感，認為「我真沒用」，因此缺乏「同理他人的能力」。

所謂同理他人的能力是指，受他人情感的觸發而產生相同感受的能力，更白話的說法就是，能與他人同甘共苦。比如看到別人開懷大笑，就會忍不住跟著一起笑；看到對方愁眉苦臉來商量事情，便不由得感到沉重，這些經驗對我們來說並不陌生。

但女魔頭在跟別人聊天時，即使對方開心分享著趣事，她們通常沒什麼反應，擺出一副滿不在乎的態度。因為此時她們滿腦子想的都是：

「我是不是在場所有人裡最優秀的？」

管理好周遭的人，控制好現場狀況，是她們最在乎的。她們無法接受有人比自己更出頭。

她們喜歡聽到別人讚美「好厲害」、「好佩服」之類的話。一旦體會到被讚美的喜悅，就會不斷渴望再度獲得那樣的快感。讚美的確會帶來喜悅，但那不過是一瞬間的事，自卑感強烈的人很快又會開始感到痛苦，畢竟就像人不會永遠悲傷一樣，快樂也不會是永遠的。

可想而知，重複做同樣的事不可能每次都會獲得稱讚，因此，一定得再做點更特別的事，才能再次獲得讚美。但不論再怎麼努力，心裡總是惴惴不安。把他人的肯定當作活下去能量的人，內心感受就是如此。

可想而知，滿腦子只裝得下自己的人，是不可能換位思考為他人著想的。老是認為別人矮自己一截，以高高在上、滿不在乎的態度與人相處，是女魔頭的一大特徵。

騷擾的2大類型

會做出騷擾行為的人即使換了一個環境，通常仍會出現相同行為。不論在職場、媽媽圈，或任何興趣相投的人所組成的團體裡，都會一再做出同樣的事，也克制不了自己不這麼做。

本書將女魔頭的騷擾行為分為以下兩大類型：

①支配型騷擾

這類型的女魔頭有著極強烈的攻擊慾望，並想控制他人。

前面提過騷擾行為背後的共通點是自戀情結。這類人表面上常展現出一副自我感覺良好的模樣，言行舉止也帶有攻擊性，讓人以為她們很有自信，但實際上正好相反。她們內心其實藏著「萬一被發現我很弱很遜該怎麼辦」的恐懼。裝模作樣不過是想掩蓋強烈的自卑感，所謂「會吠的狗不咬人」就是最貼切的形容。

例如職場上來了看不順眼的新人，或出現可能危害自己立場的人，即使才第一天認識，她們也會毫不留情展開攻擊，畢竟維護優勢是首要之務。在一些新人經常淪為霸凌對象、員工來來去去的黑心企業或團體裡，都可看見這類女魔頭的存在。

②發洩壓力型騷擾

這類型的女魔頭會把責任推給他人、職場、社會，藉此發洩各種不愉快。之所以做出讓人不舒服的行為或造成他人的威脅，理由只是「因為我不爽」，比如亂遷怒就是這種行為的代表。

之所以遷怒，很可能是出自於嫉妒，例如：

「連我都還沒結婚，憑什麼妳可以嫁給一個好老公？」

「憑什麼老闆看重妳，而不是我？」

如此毫無邏輯的理由就足以讓她們展開騷擾行為。把自己缺乏自信、人生不順遂的原因全都算在別人頭上，以發洩內心壓力。

這類女魔頭的特徵是容易嫉妒、喜歡把人劃分等級。常見行為有：聽到別人結婚的消息就突然變得很冷淡、對外籍人士或年紀比自己小的人很不客氣、故意發出巨大聲響嚇唬他人等，用極度幼稚的態度與行為把負面情緒發洩在他人身上。

騷擾特有的10種攻擊模式

騷擾行為除了可分為前述的兩大類之外，也有著各式各樣的攻擊模式。遭受騷擾的一方可能因為對方的攻擊而感到害怕，甚至一蹶不振。但冷靜下來仔細觀察，可以歸納出以下十種特定的攻擊模式：

①雙重束縛

「雙重束縛」（Double bind）是指一個人被左右兩側固定，動彈不得，延伸為接收到兩個完全相反的訊息，不知該如何反應，陷入進退兩難、精神受到束縛的狀態。

舉例來說，當孩子聽到母親說「你就選自己喜歡的大學就好」，於是選了自己想去的學校；而當孩子把自己的選擇告訴母親，卻得到「那間學校不好吧，至少也該像某某校的程度」的回應。由於同時接收到「選你喜歡的學校」

與「那間學校不好」兩種相反訊息，孩子因而感到不知所措。

又例如在職場上，主管對新人說「只要有想嘗試的案子，儘管放手去做沒關係」；但真的做了之後卻又得到「新人還敢這麼自以為是，沒大沒小」的回應。當接收到完全相反的兩種訊息時，會讓人分不清楚哪個才是真的，從而失去判斷能力。

雙重束縛是很常見的騷擾模式，可說是基本中的基本。騷擾慣犯的常用手法是，嘴巴上稱讚你，態度卻很冷漠，也就是傳遞出來的語言訊息與非語言訊息並不一致，讓接收訊息的人猜不透對方的真正想法而感到困惑，導致思考與行動都受對方牽制。

此外，「只要努力，你一定辦得到」也是一句雙重束縛的話。說話者一方面對你有所期待，但另一層意義其實是「現在的你不夠好」，暗示你能力不足。聽到這句話的人會感到「原來我很差」、「如果做不到就是因為我不夠努力」，開始自我懷疑，陷入自責的泥沼。

②情感剝削——神祕化

「神祕化」（Mystification）是英國精神科醫師R・D・連恩（R.D. Laing）提出的概念，意指用巧妙的介入手法剝削他人的情感。簡單來說就是往對自己有利的方向誘導對方，使之失去判斷能力。

比如朋友之間在聊工作，這種人會用篤定的語氣說「那種工作你一定做不久的」，或一起參加聯誼時說「那個男的不可能是妳的菜吧」，讓對方覺得「我說不定真的是這樣」。

這也是騷擾慣犯的常用手法，用各種方法包裝「這就是你想要的」，讓對方搞不清楚自己的真正想法，目的是把事情引導到對騷擾者有利的方向。

包裹著疼愛的外衣，實則剝削他人的情感，就是神祕化的本質。

③斬斷人際關係——三角溝通

「三角溝通」是指，說話者利用不在場的第三人名義發言，裝出一副「我才是站在你這邊」的模樣，實際上是把被騷擾者的人際關係一一斬斷。

例如以下說法就是典型的三角溝通：

「上次我聽到A同事在說你壞話。」

「聽說B部長覺得你工作表現很差。」

「C看到妳男友劈腿。」

藉由在對話中轉述第三者的發言，逐漸削弱對方的能量，讓他和身邊人之間的信任變得薄弱。引用不在場人的發言，很容易單方面扭曲那些話語的意思。尤其引用的是不好的內容時，當事人聽了便容易把事情想得很糟糕，開始疑神疑鬼。

此外，以下說法也是三角溝通：

「大家都這麼說。」

「其他人也這麼覺得。」

「每個人都在傳。」

繪聲繪影營造出大多數人都一致認同的假象，是一種過分扭曲事實的說話方式。

騷擾者口中說出來的話當然被加工扭曲過，記得聽聽就好，不可全盤接收，有時事實根本完全相反也不一定。這麼做的目的是離間你和某個對象，或故意讓你擔心受怕。所以，捲入三角溝通時不用慌張，請先確認事實真相。

④轉移對話主旨——範疇錯誤

「範疇錯誤」是指，說話者將對話主旨或討論重點轉移到其他方向，以強調自己的正當性。例如以下例子：

某員工向主管報告：「員工餐廳的冰箱連續好幾天都有飲料跟食物不見，我們從監視器上確認是一位資深同事拿走的。這種行為已經是犯罪了，我們不能置之不理吧？」

聽到下屬打算追究不法行為，主管恫嚇他：「你是在侮辱我同期的老同事嗎？我很相信他的為人。」

「追究不法行為」可能牽涉到主管的管理不周或其他複雜問題的責任。為了自我保全，這位主管用了範疇錯誤的手法，將話題轉移到自身人際關係，藉此模糊焦點，逃避責任。

其他常見情況還有：當員工身心狀況不佳，想申請留職停薪時，毫無心理健康常識的主管回覆他：「每個人都有心情不好的時候，心理素質是需要鍛鍊的，只要內心強大就能克服」，將話題導向精神論。

這些話讓人一時之間難以反駁，但仔細想想就能發現論點已經偏離主軸，邏輯狗屁不通。

⑤假借善意攻擊他人——人格攻擊

這種模式常假借教育或指導的美名，事實上說話者並不打算讓「對話」成立，而是在精神層面攻擊對方的人格。

例如以下情況均屬人格攻擊：

「你這個樣子，我要怎麼放心讓你獨立作業？」

「真想看看你小時候爸媽是怎麼教你的。」

「公司不需要你這樣的員工。」

「你不適合當老師，還不快點辭職。」

「你還是把東西收一收，找下一份工作吧！」

人格攻擊是精神暴力，是絕對不能容許的惡劣行為。就算是自己有錯在先，但重點是如何彌補錯誤，解決問題，不該因此遭受人格否定，請大家牢記在心。

⑥放大小事，嚴厲斥責——小題大作

這是把一點小事無限上綱，講得好像犯了滔天大錯的攻擊模式。被攻擊的一方一旦把話當真，就會一點一滴累積罪惡感，漸漸分不清事實真相，進而失去判斷能力。以下是這種模式的例子：

◎把偶然犯的過錯，講得好像天天都在犯錯。

◎把小事當成大事，私下向主管報告。

◎說話加油添醋，到處亂說。

這種手法有時也與「三角溝通」有異曲同工之妙，讓被騷擾方變得愈來愈難相信人，人際關係被徹底孤立。

騷擾慣犯還可能把對方所犯的錯全部寫在紙上，一一記錄下來，總之就是想方設法掌握把柄，加以陷害。

⑦用過度親切賣人情——布局

剛認識時都會親切打招呼、主動分享工作訣竅、每次出差回來都會帶伴手禮……如此親切友好其實是有目的的，都是為了將來有一天做準備，不是真的善意。

舉例來說，為了爭取下任主管的位置，或想讓對方聽命於己，先賣個人情，掌握支持率，有了人氣才好辦事。總之，一切的過度親切都是出於利己的目的。

有時或許很難分辨到底是真的親切，還是騷擾行為，但有個關鍵：這種人都非常工於心計，特別愛計較得失，請務必好好觀察。

⑧四下無人，馬上變臉——惡魔的臉

大家都說這個人很會照顧人，給人的印象很好，但只要和她單獨相處，她就立刻轉變成「惡魔的臉」。例如以下狀況：

◎直屬主管不在時就會找新人麻煩。

◎隨便找個理由把人叫到小房間，避人耳目，不斷說教。

以家庭來比喻，就像是在家裡專制獨裁的父親或母親，一踏出家門就變成和藹可親的理想父母。家暴加害者也是如此。

這種人很在意社會大眾的眼光，想維持在他人心中的良好形象與評價，所以專挑私底下攻擊。由於發動攻擊時四下無人，也找不到目擊證人，除非有雙方對話的錄音，否則很難蒐集證據。也因此，這種騷擾非常可能愈演愈烈，不斷惡化。

⑨突如其來的親切——蜜月期

騷擾者偶爾會停止攻擊，轉而變得溫柔，還會鼓勵對方。我把這段期間稱為「蜜月期」，例如以下狀況：

「這次你真的幫了我一個大忙。」

「我們能有今天的成果都是因為你的付出，期待你今後的表現。」

「我很看好你。」

這些並不是發自內心的感謝與稱讚，而是怕被認為自己過度攻擊，才偽裝善意來賺取一些保險分；又或是產生罪惡感，想藉此得到贖罪券，說穿了都是裝出來的。

再者，這種善意舉止會像季節更替一樣來來去去，並不長久。畢竟原本就不是出自對攻擊對象的疼愛才這麼做，只是為了保全自己的名聲。一旦達成目的，賺到保險分、得到贖罪券，這些行為就會戛然而止。

因此，比起單純的攻擊，夾雜假貼心的攻擊會讓被攻擊方傷得更重。因為每當接受好意，開始卸下心防，打算相信對方時，就會遭到背叛。

如此一來，被攻擊的一方必須戰戰兢兢，害怕一旦蜜月期過了，不知又會遭受什麼攻擊。長此以往，即使面對親朋好友的善意也會採取警戒態度，逐漸把自己孤立起來。

⑩永無止境的排擠──復仇攻擊

騷擾者會用的復仇手段很幼稚，就像國中生之間常有的排擠行為，在背後說壞話、私下批評是一定會用的手法。

舉例來說，明明都是同個小組成員，只有自己不知道開會地點；會議進行到一半被要求「你可以走了」；某天突然被指派其他工作，或只有自己完全沒被分派工作；聚餐只有自己沒受邀等。用各種小動作把被攻擊的一方與其他人拉開距離，或耍手段讓他單獨出糗，把身邊的人都拉攏到自己這邊，讓他退無可退。

會用這種攻擊模式的人通常非常「堅持」，在尚未確定對方已被逼到絕路、無法翻身前，絕不手軟。

之所以這麼做，是因為自己過去曾被傷了自尊，是一種單方面認為自己被否定的「被害者心理」。只要這道傷痕還存在的一天，就會持續以被害者自居與發聲。出於復仇心理，所以想讓別人也嘗嘗這種滋味。

被攻擊的一方由於長期處在被孤立的環境，孤獨感導致他失去正常的判斷能力。而攻擊的一方即使看到對方精神狀況出現問題，仍會持續發動攻擊，直到確認他已經「完全崩潰」為止。

如何在精神層面占上風？

目前為止說明的騷擾類型與攻擊模式，不知各位覺得如何呢？或許有些讀者點頭如搗蒜，心想「我知道這種人」；又或許有些人看到這些陰險手段，開始感到害怕；而此刻正受騷擾與霸凌所苦的你，或許會感受椎心之痛。但無論如何都不用怕，也不要責怪自己。

摸透女魔頭發動的各種攻擊模式很重要。一旦理解騷擾行為的真相，掌握攻擊模式後，就能慢慢讓自己在精神上占上風。

首先第一步是，把這種人想成是對現實的不如意不滿，沒自信又沒能力改變，只會成天鬼叫的人。是不是跟小孩子沒什麼兩樣呢？沒錯，她們就是「小孩子」。

能這麼想，不但能看透對方的攻擊模式，內心的紛擾也會逐漸獲得平復，重拾安穩的內在。

職場女魔頭使用說明書

第三章　深受女魔頭所苦的人無所不在

愈演愈烈的騷擾問題

騷擾行為不僅是精神暴力，更是嚴重的社會問題。如前所述，諮商室裡充滿了形形色色的騷擾案例，社會也不斷上演著把人逼上絕路的悲慘事件，各位應該都能理解。

長年下來，我聽到不計其數的煩惱都是遇上騷擾或霸凌。騷擾與霸凌問題存在於社會上的任何組織和團體，受害者從孩童到老人家都有，而且問題總是接踵而來。

我們必須及早因應，包括所有預防措施、教育宣導都有其必要，而且迫在眉睫。但非常遺憾的是，目前狀況是所有因應都跟不上騷擾發生的速度，這是急需解決的一大課題。

此外，隨著智慧型手機的普及，以社群媒體為媒介的網路霸凌嚴重損害孩子的自我價值感。目前日本政府正和民間企業一起合作，試圖建立一套機制，讓遭受網路霸凌的孩子可以不受時間與空間的限制，隨時隨地都能用手機向專業人士求助。

社群媒體所引發的騷擾案例愈來愈多，因而衍生出了「社群媒體騷擾」（Social Media Harassment）一詞。例如利用職位權勢，要求對方將原本不公開的社群媒體帳號，對自己顯示為公開，或強迫對方在臉書加自己為好友，之後再逐一確認發文並且回應，又或是在LINE群組上攻擊特定對象等等，都是十分常見的社群媒體騷擾。

女魔頭騷擾問題蔓延整個社會

接下來要介紹我在自己的心理諮商所接觸的常見女魔頭騷擾案例。除了本書主題職場外，我也特別舉出社團、社區、媽媽圈的例子。希望大家透過這些實例理解何謂騷擾行為，並看透女魔頭的內心世界。

CASE 1 囂張跋扈的俱樂部女魔頭

前來諮詢的小惠換了新工作後，加入一所地方上的小型馬術俱樂部。小惠原本就很喜歡馬，在國外也有騎馬經驗，期待加入之後可以定期練習馬術。但她最近心情低落，經常失眠，因而來到我的諮商室，講起第一天去馬術俱樂部報到發生的事。

當天由一位男職員說明完俱樂部規則後，她來到馬廄做清掃工作，事情就發生了。一位中年婦女朝著她走了過來：「妳是新來的嗎？不要以為騎馬很簡單，知道嗎？」一切來得太突然，聽到對方的「忠告」，小惠腦筋一片空白。才初次見面，對方帶有敵意的態度讓她很在意。

之後，那名女性每隔一小時就會來找小惠，給予她各種「告誡」。例如當小惠前往保管飼料的倉庫時，她就追上來指責：「妳穿得太緊身了吧？是想勾引男教練嗎？下次不要穿這樣好不好？」在更衣室時又會質問小惠：「妳穿的是英國的牌子嗎？為什麼妳買得起這麼貴的衣服？」

更誇張的事發生了！當大家要解散時，那名女性居然當著所有人的面咄咄逼人問道：

「妳現在幾歲？住哪？」

「妳騎馬幾年了？」

「妳結婚了嗎？」

隱私遭到侵犯，小惠心裡當然覺得很不舒服，但對方盛氣凌人的態度嚇得她一時間愣住，老老實實回答了對方。

看到小惠「乖巧聽話」的模樣，那位女性露出滿意的表情，開始大放厥詞：「妳年紀這麼輕，騎馬資歷那麼淺，要好好記住這裡的規矩。反正妳也還沒結婚，那就提早來清理馬廄吧！還有，不要以為馬術是練習就學得會的。我看妳這個樣子，應該要花上好幾年吧！」

才初次見面就被迫在眾人面前暴露個資，遭受羞辱，小惠整個人動彈不得。而在場的所有人居然一副事不關己的模樣，讓她非常心寒。

後來才知道，那名女性不到二十歲就加入這所馬術俱樂部，現在已經快五十歲，是這裡的「老古董」。她仗恃自己最資深，擅自制定一些潛規則，對新人毫不客氣。

這所俱樂部的女性會員似乎都很服從這座老古董，視她為「頭頭」。她們的心態大概是，與其時時刻刻擔心自己會不會成為被攻擊的目標，識相一點準沒錯。而這種事不關己的冷漠態度，長久以來逼得許多新成員不得不退會。小惠也在三個月後心不甘情不願選擇退出。

囂張跋扈的資深女魔頭，加上沒人敢違抗她的女跟班們，讓新人接二連三地離開。俱樂部經營者明明知道這個狀況，卻選擇視而不見。

案例中的女魔頭之所以如此狂妄囂張，是害怕新成員加入後會帶來新的文化，動搖內部既有的權力結構，而縱容這種人為所欲為的組織文化，最容易出現騷擾行為。

CASE 2 小動作特多的兼職老屁股

三十出頭的玲子應徵了大型量販店的工作。她的過去經歷受到面試官青睞，順利獲聘為正職員工，並分發到童裝賣場。然而，到職後因為職場人際問題，來到我的心理諮商所。

她所任職的童裝賣場共有三名同事，分別為年近七十與七十出頭的兩位女性兼職人員，另一位則是二十多歲的男性工讀生。

玲子到職後，兩位資深女同事似乎對她寄予重望：「以後要多多麻煩妳了！」玲子一心想著趕快適應這份工作，遇到不會的地方也主動請教前輩。然而沒過多久，各種小動作就開始了。

一開始是沒人告訴她排班表的截止日期。她本來以為是同事不小心忘記，但之後又被騙會議日期改變、庫存管理表被藏起來等等，各種怪事層出不窮，似乎只有自己一個人搞不清楚狀況。

之後，兩位女同事開始刻意冷落她。例如玲子向她們打招呼，卻被裝作沒看到；玲子一進到休息室，她們便用力把門關上。這些無聲的攻擊日復一日地出現，玲子的身心感到愈來愈疲憊。嚴重時，她們甚至會故意和玲子發生肢體碰撞。

玲子曾經試圖詢問另一名二十出頭的男工讀生，了解一下情況，對方卻落荒而逃。

由於攻擊愈演愈烈，受不了的玲子於是向直屬主管商量這件事，得到的回覆是：「哎，每次一有年輕人加入，她們好像就有危機感，以為自己要被趕走了，所以每次都那樣故意對待新人。但是她們在這家公司已經三十多年了，比我還要資深。妳可以忍耐一下嗎？」看來主管完全靠不住，玲子後來主動申請調職。

這種被大家刻意忽視、只有自己得不到正確資訊的小動作，都是斬斷人際關係的典型手法。故意碰撞的行為也可能演變成更激烈的肢體暴力。

CASE 3 自稱「聖母瑪利亞」的前校長女兒

新進女教師京子有點怯生生地走進諮商室，她說最近總是茶不思飯不想，食慾和心情都很差。仔細了解狀況後，她似乎正遭受嚴重的霸凌。

京子所任職的學校裡，超過半數的老師都是「系出同門」的校友，都是這所學校的畢業生。其中有一位女魔頭，其父親是前校長，這樣的特權讓她在老師之間呼風喚雨。

對於非系出同門或新進的老師，女魔頭會進行一項有名的「儀式」——以指導的名義把新人叫到一個單獨對話的空間，開始「說教」。說教內容和公事毫無關係，完全是她的個人偏見，還暢所欲言。

京子也無法倖免，被傳喚參加這項儀式。過程中她被窮追猛打，探究隱私，不但被批評「不適合當老師」、被威脅「最好現在就辭職回老家」，甚至連身材這種跟工作毫不相干的事都被拿來數落一番，長達好幾個小時。

這種毫無指導意義的獨裁儀式，是每年的例行公事。最令京子震驚難過的是，每位老師都對此心知肚明，但沒有人向她伸出援手。畢竟有著「前校長女兒」的背景，誰都不敢忤逆她。

這種堪稱精神霸凌的狗屁不通儀式，女魔頭卻視為神聖的「受洗」，還自認是引領新進老師通往康莊大道的「聖母瑪利亞」。但真實情況是，每位新進老師都接二連三辭職了。

女魔頭桌上堆滿了收到的巧克力和餅乾，她深信自己是這所學校的楷模、學生心中的理想教師，但她所做的，就只是霸凌而已。

後來，京子試著打開心房，積極面對困境，也幸運找到可以信任的人，身心狀況才逐漸調整回來。

她提到，曾有幾位老師鼓起勇氣率先發聲，試圖改變這個惡質傳統，但很遺憾的，這些人最終都一個個離去。這種人際關係扭曲的職場環境，除非高層有危機意識，願意做出改變，否則今後同樣狀況仍會持續發生。

我想這所學校遲早會走向毀滅，而遭受最大波及的，就是孩子們的前途。

CASE 4 兇回去就好！不堪一擊的顯擺女

二十出頭的小綾考取婚禮企畫師證照，成功踏入夢寐以求的婚禮產業。新公司員工多達數百人，小綾被分發到婚紗租借部門。這個部門不到十名成員，幾乎都是女性。

才到職兩個月，小綾每天一想到要去上班就會感到呼吸困難，因而來到我的心理諮商所。原來她因為身材高䠷、外型出眾，男主管推薦她擔任婚紗發表會的模特兒。但從那時開始，她在公司裡的人際關係產生了細微變化。

某天早上要進公司時，她發現大門深鎖。明明裡頭傳來有說有笑的聲音，但任憑她如何敲門都沒人回應。幾分鐘後，終於有人走了過來，對著在門口苦等的她說：「咦？妳什麼時候站在這裡的？都遲到了吧？」小綾開始覺得有人在故意整她。

進到公司，同事們聊著婚紗發表會的話題，氣氛熱絡。從她們的對話中得知，一位和她年紀相仿的女生也曾擔任過模特兒。那個女生走向小綾，對著她若無其事地說道：

「我上次穿的是知名品牌的婚紗。」

「這次部長是因為怕我太忙，才不得已找妳上場。」

小綾這才明白因為自己被選為模特兒，招來這個女生的嫉妒，被視為「有害」的存在。後來，小綾被鎖在大門外的事一再發生，很明顯是在針對她。

經過幾次諮商，她察覺自己喪失了「主體性」，似乎一直被這個顯擺女牽著鼻子走。某天她鼓起勇氣，當著所有人的面，對著顯擺女說道：

「我知道是妳把大門上鎖，故意讓我進不來。請不要再做這種無聊的事！」

各位猜猜看現場反應如何？

只見那個顯擺女眼神開始游移，然後滿臉通紅離開了現場。愛比較、搶鋒頭的女魔頭，常在職場或社交場合展現高人一等的態度。表面上裝模作樣，內心往往不堪一擊。

不論是誰，一旦遭受突如其來的攻擊，很容易被強勢的那方牽著走，變得低落消沉。所以此時最重要的是，一定要設法找回自己的主體性。

CASE 5 造謠抹黑的地下女院長

五十出頭的由紀子一想到要去上班就會心悸，於是來找我諮商。她原本在醫院擔任主任祕書，卻遭到直屬女主管的嚴重霸凌。

某天她進到辦公室，發現自己的物品全被搬到醫院停車場的警衛室。突然被解除職務的她，必須和保全人員一起上班。

女主管的職位是課長，年近六十，未婚。她似乎很不滿意由紀子的工作表現，總是趁員工都在座位上，或護理師等醫療人員都在場時，故意用所有人都聽得到的音量，大聲斥責：

「妳有身為主任祕書的自覺嗎？」

「妳比ATM還糟糕。」

「○○也說妳工作能力很差。」

這種咆哮辱罵的情況幾乎每天都會發生。不僅如此，女課長還會向醫院內外部所有女性人員散播不實謠言：「只要廠商是男的，由紀子就會對人家巴結奉承，吃相難看。」結果，所有女性同仁紛紛開始跟由紀子保持距離，甚至對她不理不睬。

女課長的父親其實是這家醫院的院長，大家會在私下稱她為「地下院長」。不知該說是家族經營獨有的皇親國戚特權，還是女兒自認有父親光環加持才敢為所欲為，總之，這間醫院的員工流動率很大。

在這個案例裡，加害人用了「三角溝通」等手法，散播流言蜚語來損害對方名譽，破壞其人際關係。

由紀子最後選擇辭職，並委託律師要求院方承認發生職場霸凌，針對自己被解除職位的原因、座位被任意搬動的經過都給出交代。她紅著眼眶表示：「為了我的名譽，也為了我的人權應當受到尊重，我決定跟他們奮戰到底。」

CASE 6 掌握人事大權的不倫女

二十五歲的里美前來找我諮商。理由是，她無法接受公司的人事安排，正煩惱著該不該辭掉這份好不容易才找到的工作。

在飯店擔任櫃檯人員的里美不但有英文專長，前一份工作也累積了櫃檯接待經驗，所以備受主管期待。她也努力向上，力求表現。然而卻在某天，人資部發布人事異動通知：她被調到溫泉清掃部門。

對於這個突如其來的異動，里美毫無頭緒，也無法接受。過去累積的工作經驗在清掃部門完全派不上用場，逐漸失去工作動力。她主動向人資部部長商量，結果得到「公司希望妳暫時到不熟悉的部門磨練一下」的回答。

沮喪的里美，在回家路上看見人資部部長和一名女性手牽手走在一起。仔細一瞧，居然是她認識的人！這個女生三十多歲，也是櫃檯人員，兩人曾共事過。不僅如此，公司裡不但人人都知道這號人物，關於她和某男性高管的不倫傳言也從未斷過，連還是新人的里美也有耳聞。

「原來外遇對象是部長……」

里美腦中立刻閃過好幾個畫面：當她用英文接待客人時，總會聽到有人發出「嘖」的聲音；每當輪到她站櫃檯，冷氣就被關掉；每次提出輪值班表，就被隨意更動。難道全都是那個心機女針對自己的小動作嗎？

半信半疑的里美私下詢問直屬主管後才了解到真相：「那個女的跟人資部部長都結婚了，是雙重不倫。只要哪個女生被她不順眼，部長就會針對那人下達人事異動命令。我猜妳應該是因為會講英文所以被她嫉妒，其實一直以來已經有太多女員工因為這樣被調到其他部門……」不難想像多少不公不義的事到最後都不了了之。

搞上人資部主管，就可以讓職場的人事安排順心如意。有些人就是會用這種「噁心地位」進行職場霸凌。

CASE 7 社區裡倚老賣老的作弊女

六十多歲的雅子強忍滿腔怒火來到我的心理諮商所。進到諮商室的她依然難掩憤怒，雙手緊緊握在一起。

雅子的孩子已經長大離家，伴侶也早她一步離開人世。喜歡交朋友的她，平時會參加社區自治會舉辦的各種活動。然而，一切發生在某次的高爾夫球比賽上。

身為參賽者的她，赫然發現另一名女參賽者在比賽中作弊：對方居然在記錄每洞打幾桿的計分表上動手腳。這名作弊女性八十多歲，是社區自治會裡最年長的成員，經常倚老賣老，任性妄為。

雅子告訴主辦方自己看到對方亂寫成績，要求暫停比賽。沒想到作弊女當場大喊：「妳是在霸凌我嗎？太過分了！」然後不斷嚷著：「雅子在欺負我這個年紀最大的。」

如此岔開話題、偏離主軸來自保的手法就是「範疇錯誤」。作弊女因為自己的惡行敗露，下意識啟動心理防衛機制，試圖轉移本該討論的焦點。

雅子雖然很不甘心，還是選擇離開了自治會。她表示會再尋找其他自己感興趣的社團。

CASE 8　鬼吼鬼叫的跑趴女

富美子終於進到夢寐以求的公司。但好景不常，才進公司兩週就到我的心理諮商所報到。

「我每天都焦慮到睡不著。」

富美子表示，她一進公司就被指派不合理的工作，也沒有接受任何訓練，而且只要沒做好就會遭到嚴厲斥責。

大聲斥責她的是一名五十多歲的女兼職員工。那個女的總是戴著又大又招搖的蝴蝶造型戒指，還穿著一身華麗的「戰袍」，彷彿昭告天下「我下班後要去跑趴」。

富美子報到當天被她指派接電話的工作，一旦沒在鈴響兩聲內接起就會招來大聲辱罵。有時候剛好人在距離電話比較遠的位置，沒辦法立刻接起來，儘管不是故意的，也會遭到高聲怒吼：「不是叫妳兩聲之內要接起來嗎！聽不懂人話嗎！」

不僅如此，兼職跑趴女只簡單說明一次業務內容，就要求富美子明天之前必須完成任誰都無法勝任的工作。之後又命令她更換廁所的捲筒衛生紙、購買洗衣精、倒垃圾。當富美子提著大包小包新買的洗衣精回到公司時，跑趴女卻故意把辦公室庫存的洗衣精拿出來用，擺明是在找碴。

過高的要求與過低的要求，兩種矛盾命令導致富美子不知所措，精神壓力極大，陷入「雙重束縛」的狀態。然而沒有一位同事對她伸出援手。

後來她才知道，這個單位的主管和其他所有同事原本就是好朋友。她們在丈夫的外派地點認識，也曾是一起打工的同事。大家都在私下稱跑趴女為「鬼之駐妻[04]」。

鬼之駐妻明明是兼職身分，卻像個上司一樣對富美子發號施令。她所交派的工作內容也混亂無序，指令互相矛盾。這都顯示出這間公司上下權職關係不清不楚，內部人際關係也稱不上正常，根本不該讓人去那種鬼地方上班。

04　外派到國外工作的員工為「駐在員」，他們的妻子則稱「駐在妻」，簡稱「駐妻」，意指外派人員的太太。

CASE 9 用腳踹人的暴力女

三十五歲的博美表示自己這陣子自律神經失調，淋巴液增加導致內耳膨脹，嚴重眩暈，必須定期回診。她猜想是否因為壓力太大，心理狀況影響到身體健康，於是來到我的心理諮商所，希望藉由諮商緩解一下身心狀況，並找出問題的根源。

經過深入的交談，我們一起回溯到造成如此的源頭。原因是，職場上有一位女主管老是霸凌外籍員工，其所作所為讓她無法忍受，因而煩惱不已，身心都受到影響。

這名外籍員工是第一次在日本工作，對日本的職場文化和規矩都不太熟悉。女主管不肯好好教對方，還把人家當出氣筒，發洩壓力，甚至動手動腳使用肢體暴力。

「到、底、要、講、幾、次，妳才聽得懂啊？」

每天早上博美都會聽到女主管邊踹桌子邊怒吼的聲音。

後來，她還目睹了可怕的一幕——女主管對著不會雙腳跪坐的外籍員工大吼「妳在幹什麼東西」，接著用力往對方的腳踹了下去。

又驚恐又難過的博美決定把這件事向大主管報告，一五一十將事情經過告訴對方，沒想到得到的回覆同樣令人害怕：

「用腳踹？應該只是不小心碰到吧？」

大主管居然包庇暴力女主管，博美驚訝得說不出話來，完全無法接受。從這一刻開始，她對大主管的信任徹底崩解。

據她所知，暴力女主管和總公司的關係似乎很好。所以，儘管大主管是暴力女的頂頭上司，但由於剛到職不久，對她也敬畏三分。大概是怕要是自己出了什麼問題，會被上報到總公司，也才對如此暴行睜一隻眼閉一隻眼，真是可悲的上班族。

從這個案例也可以清楚看到，女魔頭的所作所為可能因為上級主管或周圍同事的無視與縱容而一發不可收拾。有問題的不只是加害者，整個組織本身也有問題！

後來，外籍員工終究還是離職了。博美一方面對自己的無能為力深感自責，一方面又因為目睹了暴力行為而深受打擊。

所謂暴力，不僅限於施加在肉體、精神上的直接暴力，包括聽到怒吼聲、在一旁親眼目睹暴行，都算是間接遭受暴力。博美開始思考轉職，離開這個病態職場。

對我們來說，職場最重要的是什麼呢？我想就是「保有自我、安心工作」吧！唯有在安全的環境，才能感受到真正的安心。

CASE 10 大小事都要管的「皇后娘娘」

外派族[05]的美樹，因為苦於與媽媽友[06]的人際關係而來到我的心理諮商所。

「我最近變得很煩躁，很常生氣，還把怒氣出在孩子身上。」

美樹一家剛搬來這個社區不久，初來乍到的她感到很難融入當地的媽媽圈。這個圈子由一位作風惡霸的媽媽當頭，身旁跟著一群小妹般的媽媽們。與這群人來往讓美樹的煩惱日益增加。

媽媽們每週會聚會一次，地點通常不約而同選在「頭頭媽媽」的家裡。她先生是律師，在當地很有威望。頭頭媽媽會要求大家聚會時必須帶「伴手禮」，但若不是她喜歡的蛋糕店或百貨公司的高檔甜點，就會一臉不悅。大家都拚了命地討好她，簡直有如「進貢」一般。

日子一久，美樹開始感到壓力。正當她想減少與這群人的往來頻率時，不巧發生了一件事。

這其實是一件小事：媽媽們會定期去孩子們的學校擔任志工，某次美樹負責採買修整校園花圃的肥料，但不小心買錯了。這個失誤讓她在社群媒體群組上遭受所有媽媽的集體霸凌。大家一再要求她道歉、不斷數落她，甚至演變成否定她的人格，連她的出生地都被拿出來侮辱一番。

以皇后娘娘自居的頭頭媽媽撂下狠話：「只要我還在這裡的一天，就不准妳有好日子過。」

即使犯了錯，最重要的是如何彌補過失，解決問題，更不該因此遭受精神霸凌與人格攻擊。

美樹從小在東京出生長大，「皇后娘娘」則是鄉下人，內心深處對於不是都市人的自己感到自卑，心態有如井底之蛙。察覺到這點後，美樹的精神狀態才逐漸恢復穩定，也找回了原本的自信與堅強。

她說：「不論去到哪裡，我就是我。為了孩子，我會堅強地活下去。」

05　日本企業員工或公務員每過幾年就會被派到不同城市工作的人及其家人。

06　因「媽媽」這個身分而認識的朋友，例如小孩上同一間幼兒園、才藝班而結識的朋友。

女魔頭的10大特徵

讀完目前為止的女魔頭霸凌案例，各位覺得如何呢？接下來，我會分析兩點。一是，女魔頭的特徵為何；二是，容易滋生女魔頭的組織又是什麼樣的地方。針對女魔頭的「真面目」，進行抽絲剝繭的分析。加深對她們的理解，才有助於我們應對進退。

女魔頭的惡劣行為或許讓人很難理解，但只要曾經察覺她們的存在，就能發現許多明顯特徵。特別是她們身邊總是圍繞一群馬屁精，隨侍在側、聽候差遣，不分男女都有。

從先前介紹的諸多案例可知，有女魔頭在的組織或團體，都會散發出迎合這種人的氣氛，甚至整體氛圍非常冷漠，比較敏感的人或許會立刻察覺到「怪怪的」。

以下就是女魔頭最具代表性的十大特徵：

①自我膨脹，認為自己「很特別」。
②活在幻想裡。
③玻璃心。
④過度期待他人讚美。
⑤自認有特權。
⑥以不當手段利用他人。
⑦缺乏同理心。
⑧缺乏現實感。
⑨嫉妒心強。
⑩盛氣凌人，蠻橫不講理。

後續章節會逐一針對這十項特徵詳細說明，希望各位可以對女魔頭有更深刻的理解。

①自我膨脹，認為自己「很特別」

女魔頭會過度誇大自己的能力和表現，比如業績明明很普通，卻期待被稱讚很優秀。

對於他人的成功則冷眼相待，只關心自己的升遷和表現機會。比如當同事做到業績第一名，或有值得慶祝的事情時，她們嘴巴上會說「恭喜」，但心裡想的其實是：

「你算什麼？」

「我比你厲害多了！」

各位可以仔細觀察，那種絕不讚美下屬的主管、常用敷衍態度稱讚別人的女生，都屬於這類。

她們認為自己很特別、獨一無二，而且深信只有更特別、地位更高的人才能理解自己，其他人都是無知愚昧的小咖。因此在職場上，為了營造出自己「與眾不同」、「萬中選一」的形象，她們常把「我的點子只有○○部長懂」這種話掛在嘴上。

在職場人際關係中，她們往往只主動跟地位較高的人交流，對其他同事則高高在上，對新人更是愛理不理。

②活在幻想裡

在公事以外的私領域，她們腦中也充滿了對成功、權力、才華、美貌、理想愛情的幻想，或許可用井底之蛙來形容。

由於只看得到自己所處的小天地，對廣大世界與現實情況一無所知，產生視野的局限性與對現實的認知偏差。世界之大，她們所做的事明明不足為奇，卻要大張旗鼓吹噓自己多麼了不起。

不僅如此，還會強烈要求身邊的人必須認同、讚美自己。以下是她們腦中常有的幻想：

「我的閨密都是美女，所以我也是美女。」

「我朋友跟演藝圈很熟，大家一定很崇拜我，因為我跟藝人一樣漂亮又有才華。」

又或是明明不是自己努力得來的成果，卻強調自己費盡多少努力才擁有一切的成就。

此外，她們也常在社群媒體上過分炫耀與名人的關係，或只是偶然遇見某位政治人物，拍了張合照，也會講得自己多有人脈，完全活在粉紅泡泡的幻想世界裡。

③ 玻璃心

因為根深柢固的自卑感，她們時時刻刻都在確認自己在環境中的地位，對微不足道的失敗會過度反應。他人的小叮嚀或意見，都會讓她們強烈感到「被否定」。但她們通常打死不認錯，絕不承認自己的失敗。而且為了自我保全，總是自圓其說、推卸責任、能閃就閃。

她們很容易受傷，光是看到朋友身上背的名牌包比自己的貴，就會感到「人格被否定」。這些小事並不會實際傷害到她們，但是她們心中的自我形象比誰都還要特別、優秀，所以真正受傷的是這份「過度誇大的自我形象」，也才因此出現各種玻璃心反應。

「我不應該是這樣的……」

她們的內心其實很挫折。對自我的認知與現實間的差距，讓她們在面對失敗或批評時感到特別受傷。

④過度期待他人讚美

女魔頭時時刻刻需要他人的關注和關心。身邊的人也知道她們這種個性，有時為了省麻煩，採取迎合態度，說些好聽話，例如「妳真厲害」、「我就知道妳做得到」。但她們心裡想的是：

「再多說一點啊。」

「只有這樣？我其他地方也很厲害啊！」

此外，提到自己的事情就眉飛色舞也是她們的一大特徵。

當沒有人稱讚她們時，她們也會在心中自言自語：「我真厲害！」「看吧！只有我才做得到！」

⑤自認有特權

女魔頭渴望獲得特別待遇，而且最好是用不著開口，別人就會按照自己的期望行動。這種期望可說是毫無邏輯與根據。

例如公司留給訪客用的停車位，按照規定一般員工不能停，但她們認為自己有特權可以使用，理所當然地把車停在那裡。一旦提醒或糾正，她們就會惱羞成怒，或狂講一堆歪理。

此外，她們對常去的餐廳店員很不客氣，故意在點餐時提出不合理的要求。她們的心態是：「我是熟客耶！這點小事都做不到？」正因為自認「很特別」，享有特權，所以旁人都該服侍自己。

⑥以不當手段利用他人

女魔頭只在乎自己的成敗與得失，為了滿足個人利益與私慾，隨隨便便就能編個理由利用他人。

舉例來說，她們會在心中算計，如何把某人拉攏到自己的團體，之後再貶損他；如何操控人際關係，指揮底下的人去霸凌某人，宛如「女帝」般，害人也不弄髒雙手。

各種恐怖行徑，甚至不惜犯罪，她們都做得出來。過去許多駭人聽聞的社會事件，甚至是情節重大的殺人案件都屬於此類。這些加害人用了不當手段剝削他人，卻反倒認為是「被利用的人自己不好」。要求這種人反省只是多此一舉，達不到效果。

完全以自我為中心，導致他人對自己信任缺失。也因此，她們無法與任何人保持長期穩定的人際關係，來往的人總是一個換過一個。儘管造成人際互動成本極大，她們也毫不在意。

⑦缺乏同理心

女魔頭並不在乎他人的心情與需求。由於對人無感，傷害他人毫不內疚，腦袋裡只容得下自己。不但缺乏接受不同意見的包容力，更沒有感受他人情感的共感能力。

你可以在對話裡聽到她們常說「但是」、「沒有」，用否定詞來反駁別人是她們的一大特徵。

⑧缺乏現實感

女魔頭通常一頭熱地沉浸在過度理想化的目標，無視於所處現狀與實際能力。不僅如此，還把社會上知名且備受肯定的人事物與自己的理想重疊，完全看不清現實。跟她們無法針對「當下」進行有建設性的討論，總是愈討論愈偏離主題。

「想出名」是她們的目標。但思考「怎麼做」這種實際問題太過痛苦，所以選擇不去面對。也因此，她們容易被唬爛話術引誘、欺騙，或對知名、大廠之類的品牌毫無招架之力。

⑨ 嫉妒心強

各位或許很難想像，她們的嫉妒心異常的強，要不嫉妒他人，要不認為別人都在嫉妒自己。由於心中有著「我超厲害」的自我誇大形象，她們打從心底認為「別人都在嫉妒我」。但內心又潛藏著強烈的自卑感，所以對他人的評價極度敏感。

她們隨時隨地都在比較自己跟別人誰比較優秀，而愈是比較，嫉妒心就愈是強烈。

⑩盛氣凌人，蠻橫不講理

用一句話來形容她們的態度就是「自以為了不起」。她們自認是組織的核心、團隊的老大、最具代表性的人物。

把親切當誘餌

前面章節提到，「用過度親切賣人情」是女魔頭的攻擊模式之一。

這種女魔頭為了讓身邊的人靠攏過來，提高自己的存在價值，一開始會刻意表現得很親切。比如手把手教導新人做事、每次出差和旅遊回來都會帶伴手禮與小禮物、經常分享哪裡新開好吃的餐廳等等，總之就是非常和善親切、討人喜歡。

然而，一旦她們找到會試圖討好的人、言聽計從的人，或是很好操控的人，便立刻鎖定這些人為目標，露出原本的攻擊性。但在此之前，她們會維持一貫親切的態度，所以一開始大家都以為她們「人很好」、「很熱心」、「很會照顧人」。

此外，如果各位在職場上聽到有人說：

「她一開始跟新人感情很好，現在已經沒那麼好了。」

「她又變成跟○○感情好了。」

有這種傳聞的地方，也是女魔頭棲息的環境特徵之一。她們的做法是到處撒下誘餌，讓崇拜自己的小弟小妹自動上鉤。各位讀者當中或許有人能察覺這種行為，或對職場氣氛比較敏感，知道那只是圈套。

一旦欠了人情就要當心

不論哪種人際關係都要當心「錢」的問題，和女魔頭往來更是如此，盡量不要牽扯到「花錢」的事情。例如「最近女魔頭常請我吃飯」、「有時會收到女魔頭送的禮物」，都算是花錢的事情。萬一你發覺這種互動愈來愈頻繁，請務必小心。

一旦變成這種關係，接受招待的一方等於欠了女魔頭的人情。欠了人情後，難免會感到內疚。相反的，施加恩惠的一方則會產生「我對你那麼好」的優越感。

說穿了，這是將心理學的「互惠規範」（Norm of Reciprocity）[07]運用在人際關係上。這種手法會讓施加恩惠的一方掌握主控權，而接受恩惠的一方容易受對方控制。陷入這樣的狀態時，雙方的人際關係會變得很不健康，也就是從對等關係變成主從關係，甚至是單方面的支配關係。

女魔頭之所以親切待人，不過是把親切當誘餌，目的其實是收買人心，再好好利用一番。

07 人在幫助他人時，會預期未來可能會得到對方回報。

尋找手下與小妹的敏銳嗅覺

女魔頭具備強烈攻擊性的同時，也能敏銳察覺他人的情緒如何被自己的話語所動搖。

她們很快便能找到願意討自己歡心的人、對自己言聽計從的人，或動不動就道歉的人，將這些人收編為自己的手下。把這些「好用」的人帶在身邊，能讓她們提高自我價值感，當然這都是假的。

會成為女魔頭手下的人，通常都有某種「脆弱」。舉例來說，有些人常嚷著「我想變更好」、「我覺得我要改變」、「我想提升自己」，但又不見他們有什麼具體行動。他們其實畏懼改變。與其改變，更想維持心理舒適區與「看似」安穩的生活。對未知的恐懼、對失去當前安全感的擔憂、對挑戰與不確定性的逃避心理，都是一種情感上的脆弱。

這樣的人一旦遇到有危險性或態度強勢的人，往往會選擇順從，有些人還會立刻投入對方陣營。換句話說，他們是讓恐懼驅動選擇，而不是堅持自己的信念，顯示出心理上的脆弱。

因此，有這些特質的人都會淪為女魔頭的目標。控制的一方只要提升尋找手下的敏銳度，就能不費吹灰之力掐住那些人的弱點。於是，想要被追隨的強勢之人，與內在不夠堅定的脆弱之人間，便產生了依附關係。

一旦產生依附關係往往很難輕易脫身，因此，「守護自己的信念」也是避免捲入騷擾事件的重要關鍵。

公司、學校、媽媽圈……女魔頭無所不在

「女帝」、「女頭頭」、「女教祖」、「大公主」……你身邊是否有人在私底下被取了這些綽號？你所處的環境是否有萬一與她為敵，恐怕難以招架，所以大家都不得不看她臉色的人物呢？

不論公司、學校、媽媽圈、社團、同好會或社區裡，女魔頭無所不在。或許有少部分的人是真的具備人望與領導能力，但大多情況，這些綽號的意思都不太正面。

人活在世界上，必須隸屬各種大大小小的團體。公司裡有職場人際關係要處理，媽媽們裡也有不同的人際關係要顧慮，有時非常複雜麻煩，卻又很難切斷。相信很多人都曾有過花費心力處理人際關係的經驗。

當然各位不必太過神經質，不過，如果你常對身邊某個特定人物察言觀色，或有人總是用攻擊性態度指揮他人，建議你多多留意觀察，說不定女魔頭就在你身邊。

孩子們的世界也有女魔頭

孩子們也有自己的人際關係，裡頭也會有女魔頭。這種女魔頭可能會故意在大家面前把同學的考試分數大聲唸出來，讓對方丟臉，再補上一句「誰叫你這麼笨」，用惡劣行徑傷害對方的自尊。

有的孩子因為不想下課後或放學時孤零零一個人，便用「三角溝通」操控同學間的人際關係，所作所為跟騷擾行為相去不遠。

我還曾聽過有孩子會用家裡房子的大小、玩具數量的多寡比較優勝劣敗，占上風的人就成為「孩子老大」，比輸的人便成為她的手下。

我們都希望孩子們可以快樂和平地相處，但在大人不知道的情況下，孩子之間也有霸凌行為。

無論大人或小孩都想獲得肯定，這是人類的本能。生而為人想要被肯定、被愛都是很自然的。然而，當孩子在家裡無法獲得父母足夠的愛，或家庭環境帶來很大的壓力時，孩子會經常處於不安與恐懼的狀態。在這樣的狀態下一旦遇到不順心的事，或感到強烈的嫉妒，就會採取攻擊行為來消除心理壓力。這點不論小孩大人都是一樣的。

小孩的表達方式通常比大人來得直接，可以不假思索無視對方，也可能做出殘忍行為。**攻擊性是內心恐懼外顯的結果**。霸凌他人的孩子，內心也會感到恐懼，也不想孤單一個人。

恐懼加深後，除了攻擊行為外，也會有許多「試探行為」來確認對方（大人）是不是真的愛自己。例如故意去做明知不能做的事情，都是因為想被罵、想被在乎。

孩子們的世界裡，那些不合理的叛逆與攻擊行為，都需要大人仔細觀察、用心對待。

職場霸凌愈來愈多樣化

近來在電視新聞和社群媒體上，愈來愈常看到權職騷擾與職場霸凌事件，已經成為社會問題。

例如，原本負責的案子被搶走、被打入冷宮、被要求過高的業績目標、被指派極為困難的任務、被眾人排擠、被惡意散布不實謠言、動輒得咎、得不到必要資訊等等，霸凌行為不一而足。還有不少案例屬於外派、調職、降薪、資遣等人事問題。

日本在二〇一九年五月通過改正《勞動施策總合推進法》（又稱《職權騷擾防治法》）。這項法案分階段實施，先是在二〇二〇年六月起由大企業開始實行，中小企業則於二〇二二年四月起適用。

根據這項法規，企業（負責人）有義務在員工管理上安排必要措施，以防止職權騷擾的發生。針對未安排妥善措施之企業，亦規定要求改善，並給予適當指導。有些企業在內部成立專門處理騷擾問題的窗口，建立完善制度來預防與因應。但也有企業只是形式上設置窗口，毫無實質功能。此外，也可以想像有些中小企業或微型企業可能不重視心理健康議題，沒有採取任何照顧員工身心健康的措施。

任何職場都有霸凌問題，但很可惜的是，很多企業、學校、公家單位仍然因循苟且，缺乏對心理健康議題的關注。在那樣的地方工作，不僅缺乏動力、壓力爆棚，更不可能有發展性。這些組織都不喜歡改變，一直維持同樣的人事結構，保留古老時代的文化。

要因應職場騷擾與霸凌問題，最理想的方式是所有人都把騷擾和霸凌當一回事，並結合內部負責窗口、產業醫[08]、外部產業保健人員（心理師），以團體力量共同面對。若只想把麻煩事丟給負責窗口，不正面解決問題，採取實際措施，那麼公司內部始終無法建立問題意識。

任何職場都可能隱藏霸凌問題，想徹底根除，必須靠所有人的「意識」與「介入」，才有機會實現。

08　負責促進職場健康、預防職業傷病的醫師。日本《勞動安全衛生法》規定企業經常性員工若滿五十人以上，必須依員工人數指派相應數量的產業醫。

容易養出女魔頭的4種組織特徵

那麼，究竟具備什麼特徵的組織結構容易養出女魔頭呢？

前面章節統整了容易發生騷擾問題的五大職場環境，包含：①經常需要加班或假日上班；②不允許犯錯；③主管和下屬之間、同事們彼此之間很少（或沒有）對話等。

接下來，我想更具體說明的組織特徵不僅限於職場，工作以外的社群和團體也同樣適用。

①缺乏明確秩序或上下權職關係

組織裡必須有一定程度的秩序，就像所有駕駛都必須遵守交通規則，才能將發生交通事故的可能性降到最低。任何組織都該如此，所有成員遵守內部規定，才不會一片混亂。

在職場裡，明確的上下權職關係就是組織裡的秩序。如果沒有明定秩序，員工將無所適從，業務也無法推動，公司遲早面臨崩解。

有些公司是制度曖昧不明，又或是像家族企業，即使有明確規範與職級，但皇親國戚說話更大聲。如此一來，就會出現有「特權」而不遵從指令的人，或只有某些情況適用的潛規則，導致各種混亂。

②說不上正常的人際關係

組織結構不夠嚴謹，裡頭的人際關係就會產生混亂。缺乏秩序的環境容易產生不正常的人際關係。

例如公司某員工是主管的老朋友，她常霸凌同事，明明已是人盡皆知的事實，卻沒有人敢說破。又或是社長的兒媳婦某天突然到公司上班，明明不是管理職，辦公室裡卻沒有人敢反抗她。像這樣的組織也容易養出女魔頭。

此外，因相同喜好或興趣聚在一起的夥伴，或媽媽圈、親戚關係、社區鄉里等團體，儘管可能有一定程度的規則或某些職位，但仍算是相當「曖昧不明的世界」。在這種世界，組織氣氛容易隨著裡面的人產生變化。

團體氣氛若能讓大家輕鬆自在當然最好，但不免會出現倚老賣老的人、仗著老公職業或地位而強出頭的人、愛比較小孩成績的人、炫耀學歷的人，這種麻煩人物會讓整個人際關係變得很複雜。

況且，這種發生在同好會、社區間的人際問題由於責任歸屬不明，容易被當成是當事人自己的問題，組織端會盡可能避免介入。

不論同好會、媽媽圈或職場裡，只要出現騷擾與霸凌行為，都需要有人鼓起勇氣設法介入，否則就會產生如女魔頭般可怕的控制型人物。

③有息事寧人主義的領導者

我的個案來自各種不同的組織，有些職場會放任扭曲的人際關係持續而不處理。儘管員工心理健康出現問題，或因騷擾行為接二連三地離職，有些公司仍不肯處理、放任不管，實在令人悲傷。正因為遇到太多受苦的人，我深感痛苦與無力。

或許有人會說「那種公司到處都有」，即使如此，我們還是必須有所作為。放任不管的話，會導致員工身體健康出問題或言行舉止異常，甚至有生命危險！就像明知生病卻不處理一樣，生病了就該好好給予相應「處置」，不論檢查或繼續觀察都可以。

更重要的是，組織或團隊裡的許多問題都不是單靠個人力量就能解決的，人際關係問題就是其中之一。

「當作沒看到好了。」

「我不想惹麻煩。」

有這種想法很自然，任何人都會把自己擺在第一位。但是，如果身為公司主管或團體領導者卻不處理、不介入，凡事都想「息事寧人」，跟隨在這種人底下會非常辛苦。

◎年資比主管還長，老是盛氣凌人的「大總管女魔頭」。

◎把新人都趕跑，比人資部還人資部的「地下女魔頭」。

◎仗著自己外型甜美可愛，占著好缺，死賴不走的「撈仔型女魔頭」。

這幾種都是在息事寧人主義的主管下容易出現的女魔頭類型，不知帶給世界上多少人痛苦。

身為領導者，需要的是公正客觀與溝通能力，以及必要時挺身而出的勇氣與魄力。有這樣的領導者所在的組織，就不容易出現女魔頭。

④流言滿天飛

人多的地方，「氣氛」很重要，從環境氣氛就能察覺到這是什麼樣的職場、什麼樣的群體。聽起來很不可思議，但確實是如此。

有些地方一片寂靜，只聽得到鍵盤敲打聲；有些地方總是有人滿腹牢騷，開口閉口都是抱怨，這種環境氣氛當然很糟糕。還有一些地方充滿了流言蜚語，這種環境肯定存在著女魔頭。

只要有女魔頭在的地方，周遭的人都會感到極大的壓力。組織裡流言滿天飛，就代表那裡的人都有「慢性壓力」。及早找出原因，調整組織體質，才是正途。

「鼓勵女性發展職涯」其實很恐怖？

《女性活躍推進法》（正式名稱為《有關推動女性職涯發展之法律》）是日本政府為了支持女性發展職涯所成立的法案，二〇一六年四月開始實施。

根據這項法律，政府有義務擬定行動計畫，內容包含推動女性職涯發展的具體目標、公布女性職涯規畫相關資訊，讓所有想在職場上有所發展的女性都能盡情發揮能力與個人特質。

之所以制定這項法律，背後原因是近年女性就業率雖然有所提升，但仍有許多女性因懷孕生子等各種理由，不得不放棄職涯。此外，根據厚生勞動省「平成二十八年（二〇一六年）度僱用均等基本調查（確定版）」，企業管理職中，課長以上職位的女性占比僅一二・一％，女性的能力並未得到相應舞臺。政府認為有必要改變現狀，因而制定《女性活躍推進法》。

我很高興政府願意制定這項法案，讓過去因各種理由而不得不放棄職涯的女性選擇繼續工作，也期盼社會上每一位女性都能盡情發揮能力與特質。這樣的社會多麼令人期待。

然而，《女性活躍推進法》雖然旨在支持女性在職場的發展，但其背後的現實情況卻令人擔憂。

最主要的是，表面的美好與實際情況間其實潛藏著矛盾，政策的推行與效果可能不如預期。因為多數企業只是形式上遵守法律，而未能真正改善女性的工作環境。除非經營高層和管理職願意正視這個議題，從組織整體的角度去解決「最根本」的問題，否則很難真正改善現況。

建立讓女性能力有所發揮的機制，打造女性長久任職的環境，受惠的不只有女性，也會改變男性的意識與工作方式。

另一方面，有些人可能沒有預想到，今後隨著工作環境的改善，愈來愈多女性加入企業，女魔頭的人數也可能跟著變多。我們必須加快腳步讓組織更全面意識這項問題、具備介入的能力，以及改變男性的意識。希望日本能持續進步，成為讓所有人都能安居樂業的社會。

極度異於常人的想法

不在乎心理健康的管理職對女魔頭的看法是「因為她們有憂鬱症」。我也曾接觸過那些人，但真正原因並不是憂鬱症。

女魔頭的想法通常異於常人，偏差想法導致她們的人際關係出問題，因而併發憂鬱症，這是比較常見的情況。我強烈建議各位仔細觀察，分辨憂鬱症的症狀（原發性）與其所帶來的結果，以及接著引發的症狀（次發性）。

此外，與專家保持聯繫是維護心理健康的一大關鍵，一定要好好善用產業保健人員、諮商心理師等資源。

女魔頭的所作所為在我們看來或許莫名其妙，但加深對她們的理解，對於保護自己與身邊重要的人是有幫助的，我們一定要一起好好思考。

自戀型人格女性

女魔頭的想法異於常人，導致她們的情緒非常不穩定，也活得很辛苦。這種狀態已經算是有「人格障礙」了。

人格障礙的定義是「對人事物的感受、思考方式、情感控制、人際關係均明顯偏離正常」，絕不是「脾氣不好」、「個性很差」這麼簡單。

《DSM》是一本國際上常用來診斷精神疾病的指導手冊，其中為人格障礙章節定下基礎的是心理學權威西奧多．米隆（Theodore Millon）。自戀是人格障礙的一種，而米隆對自戀型人格的解釋是：

「自小被雙親捧在手掌心，不斷被誇獎，導致患者打從心裡覺得『我好厲害』。」

米隆是研究人格障礙的權威，他的立場始終認為「健全人格與病態人格間並沒有明確界線」。他在自己的書中用了「類型」（style）這個詞，意思是「只要有心，就能將病態人格控制在健全人格的範圍內」。

我對自戀型人格的看法也是如此。因此，本書透過形形色色的故事、我實際接觸的案例，分析「自戀型人格女性」的行為模式和心理特徵，而不是單純粗暴地將她們定下「個性差」或「有病」的標籤。

希望各位讀者閱讀時，從「偏差」這個關鍵字，與我共同思考「自戀」究竟是什麼。

只要贏就不會自卑？

女魔頭心中有著強烈的自卑感，覺得自己很爛、比別人差。但我想先請各位理解一件事：「很爛」與「覺得自己很爛」完全是兩回事。

舉例來說，你參加某知名大學入學考試，最後卻落榜（很爛），你可能會很難過，或產生自我否定的自卑感（覺得自己很爛）。

那麼考取這所大學的榜首呢？他就不會有煩惱，也不會自卑嗎？那些菁英中的菁英，都不會得憂鬱症嗎？當然不是。即使畢業於頂尖大學、通過高考當上國家公務員、仕途一路順遂的人，也可能一蹶不振，甚至自我了斷。我想講的是，再怎麼優秀的人也會有煩惱，也會有想不開的時候。

但女魔頭有個天大的錯覺，以為只要比別人優秀，就可以擺脫自卑感。正因這種錯覺，才會做出「把別人比下去」、「設法攻擊別人」的行為。

落榜（很爛）是事實，接受表現不好的自己是很痛苦的。但「落榜的事實」與「如何解釋落榜這個事實」是兩回事，重要的是後者。女魔頭分不清楚「很爛」與「覺得自己很爛」（自卑感）的差別，誤以為比他人優越才是擺脫自卑感的唯一方法，但自卑感是無法透過比較而消除的。

請各位記住，當你遭遇女魔頭的各種惡劣行徑時，她們的動機都是出於擺脫自卑感。

受自卑感所苦的人缺乏的東西

如果優秀就不會有自卑感的話，世界上所有優秀的人應該都不會有煩惱才對。但事實上不論是誰，都可能因為工作、家庭、人際關係而苦惱，甚至身心失衡。

此時，對你我來說重要的是尋找「歸屬感」。能否在日常生活或人生當中找到歸屬感，至關重要。

在精神分析領域出版過眾多知名著作的精神病學家卡倫・荷妮（Karen Horney）曾經指出：「自卑感是由於缺乏歸屬感。」簡單來說，歸屬感就是一個人能否感受到「我做得好不好都沒關係」、「我在這裡是安全的，我是被接納的」。

再更進一步解釋，歸屬感其實可以增強社交能力，有助於與人交流互動，建立穩定的人際關係。所以，歸屬感可以視為一種「與他人溝通的能力」。

當人感覺不到自己被接納或沒有歸屬感，會導致自我價值感低落，開始自我懷疑，在內心深處種下自卑感的種子。也因此，更容易採取錯誤的解釋方式來看待自己和周遭的人事物，這種負面的偏差解釋又進一步加深了自卑感，形成惡性循環。

延續前面的例子：不論是否考取知名大學，都能獲得身邊的人接納，一個人能否有這樣的感受非常重要。因為只要真實的自己獲得接納，即使大學考試落榜、表現得再不好，也不會構成太大的問題。

我再重複一次，對一個人造成影響的不是落榜這個「事實」，而是他如何「解釋」落榜這個事實。對女魔頭來說，落榜了就得不到重要的人認同：

「我會變得一無是處。」

「我會變成孤單一人。」

這些解釋讓女魔頭將落榜這個單純事實視為大問題（自卑感），而根本原因是缺乏歸屬感，所以她們無時無刻不受強烈自卑感所苦。

「不管我做得好不好，都會有人接納我。」

女魔頭的生命裡，沒有人可以給她這樣的感受。

女魔頭真正想要的關係

前面我用了大學考試落榜的例子來說明自卑感，其實一個人處在「必須裝模作樣的人際關係」中也很容易感到自卑。

「不論我是好是壞、表現如何，對於我自己，對於我重視的家人、伴侶、朋友而言，我很重要。」

如果心中能有這種想法，不論落榜或上榜、成功或失敗，都沒有關係。

要培養歸屬感，自小與雙親間的互動很重要。在父母鼓勵下成長的孩子，能與家人建立歸屬感，也不會有強烈的自卑感。因為不論如何失敗、笨拙，都可以從家人那裡獲得支持與鼓勵。對家人來說，自己很重要。有這樣的感受，就能培養出歸屬感與健康的自尊心。

懷抱強烈自卑感的女魔頭，很可能從小在原生家庭裡沒有機會培養歸屬感。小時候在親子關係中，她們不被允許做自己；長大後在職場上或私下人際關係裡，真實的自己也從未獲得接納。

女魔頭打從心底渴望的，是與人建立真實的連結和情感，是人與人間相互扶持的關係。

女魔頭的人格特質養成過程

前面我稍微提過「自戀型人格」，女魔頭很可能屬於這種類型。心理學家米隆的看法是，自戀型人格的養成來自雙親過度誇獎孩子，或給予孩子超出現實的評價。

而我認為，米隆所說的「過度誇獎導致的自戀」，與精神病學家荷妮認為的「真實的自己不被接納而產生的自卑感」，是建構女魔頭「人格」的兩大重要關鍵。

那她們是在什麼樣的成長背景下建構出自戀型人格呢？與她們往來時，抱持這樣的疑問或許能更進一步理解她們。

此外，也請各位讀者記得「過度誇獎」與「過度責難」都會造成巨大的偏差，也無法培養出健全的自我認同。

第四章　女魔頭的生態——偏差心理與行為模式

女魔頭的內心與行為剖析

在前面章節，我藉由許多案例分析女魔頭做出騷擾行為的真相與特有的攻擊模式。

那她們究竟在想什麼？又有哪些常見行為呢？知己知彼，百戰不殆。不論是為了自我保護，抑或是改善組織內部環境，建立良好人際關係，都有必要繼續深入探討。

接下來，我會從不同面向切入，揭開女魔頭的內心世界與行為模式。

死不認錯，絕不道歉

人往往很難接受自己的「弱點」。為了不讓弱點被識破而虛張聲勢，是人類的特性，女魔頭尤其如此。

她們之所以懷抱比他人更強烈的「不安」與「恐懼」，來自於強烈的自卑感。她們總是下意識感到擔憂，惴惴不安，害怕自己的真正弱點被身邊的人一眼看穿。

要這種人認錯或道歉非常困難。一旦她們犯了錯被指責追究時，常見反應是惱羞成怒。別人說她一句，她立刻回嘴十句，大概是這樣的感覺。

她們看不清現實，也不肯認錯。就算想跟她們好好溝通，通常會變成各說各話，雙方各執一詞，結果就是討論成了平行線，無法進行下去。

到了這步田地，拉不下臉的女魔頭通常不是開始哭泣，就是逃離現場。

包容力0，絕不開口讚美

正視他人比自己優秀是需要勇氣的，因為一旦承認這件事，就不得不面對很爛的自己與內心的自卑感。

女魔頭藉由「一定要贏」、「錯的絕不是我」的信念來保護自己，這樣的人當然不可能對自己以外的任何人給予正面評價。例如新人工作認真積極，受到大家讚賞時，女魔頭無法坦然表示「對啊，我也覺得」，而是立刻反駁「可是他看到人都不打招呼」。

前面也提到，女魔頭的說話特徵之一是，很愛用「可是」來開頭。她們寧可破壞現場一團和氣的聊天氣氛，也要展現否定和批評的態度。

對權力平衡很敏感

女魔頭滿腦子都在想著如何比別人占上風、如何讓大家對自己刮目相看，所以對權力平衡特別敏感。她們會仔細觀察身邊人的關係，權衡自己要向哪邊靠攏才最有利。

面對有權有勢或無法忤逆的對象時，會表現出一副言聽計從的模樣；一旦遇到權力或地位矮自己一截的人，就會變得很強勢，而且毫不掩飾這種見風轉舵的態度。

舉例來說，她們會設法接近職場裡最位高權重的人與其家人，設法討對方歡心，藉此讓自己在公司裡有靠山。又或是用花言巧語蒙騙在組織裡握有人事權的人，讓自己掌握人事生殺大權，有時甚至不惜出賣肉體或直接用錢收買，一些女性政治人物或許具備這種特徵。

當然，女魔頭既然可以為了權力「利用」他人，相對的，也能毫不猶豫「切割」原有關係。

此外，剛加入的新成員、新進員工、兼職人員等組織裡相對弱勢的人，也是特別容易被她們盯上的對象，任憑她們宰割，畢竟白紙一張的「新人」是最好標的。這種情況不限職場，在媽媽間或各種同好會都可能發生。

女魔頭之所以對權力關係很敏感，是因為她們必須隨時隨地確認自己的地位比他人絕對有利。

垃圾食物成癮

女魔頭的內心深處長期缺愛，再加上偏差的自戀心理，所以對自己很寬容。是否缺愛與飲食看似毫無關聯，但其實是相關的。一個人與內在是否有健全的連結，也會反映在飲食習慣上。

人成長到一個階段，除了味覺與人格發展成熟，也會開始注重飲食健康。若成長過程中沒有建立起健康的自尊心，只有外表長大，內心還是小孩的人，他們的味覺與心智其實沒有跟著成熟。

許多女魔頭在人前吃午餐或晚餐時，可能會選擇健康餐點或蔬食料理，但私底下其實超愛吃垃圾食物，例如各式各樣的甜食、餅乾、泡麵，甚至可以連續好幾天都吃速食。

特別是巧克力裡含有「苯乙胺」，很類似人類大腦分泌的「愛情荷爾蒙」，而愛情荷爾蒙能帶來幸福感。長期缺愛的女魔頭很可能依賴吃巧克力來彌補不足的愛，而且想戒也戒不掉。

食慾是人類的生理需求，一個人的人格特質與過度自戀或過度缺愛，都會直接反映在飲食習慣上。各位可以從飲食面向觀察身邊的女魔頭，她們是否總挑高熱量、低營養的食物。

大總管病

「大總管」是用來稱呼職場上指揮一切的資深女員工，特別指「壞心眼」的人，女魔頭也充分具備大總管的條件。

她們自認是組織或團體裡的「模範」、「核心」，所以會用盡全力指揮他人，姿態高高在上，特別是針對其他女性。

她們打從心底認為「我才是最了解這裡一切的人」、「我才是真正的頭頭」。

正因為自認為在組織裡的地位如此重要，一旦沒被擺在第一位，沒獲得應有的對待，就會感到很受傷，情緒起伏極大。

盛氣凌人，充滿攻擊性

容易受傷的女魔頭，對待身邊的人總是採取攻擊性的態度。面對持不同意見的人，她們一律看作是「敵人」，必須回擊。

其實她們最害怕的是，要是被人發現自己只是虛張聲勢，根本沒有實力該怎麼辦。為了不被識破，為了自我防衛，採取盛氣凌人的態度，特別是針對第一天才認識的人。

例如她們會警告新加入的成員：「想融入這個環境，沒有你想的那麼快」，刻意讓對方感到不安，表現出「最好識相一點，乖乖聽我的話」的態度，不斷彰顯「我才是前輩」。

不僅如此，舉凡年齡、學歷、已婚與否等個人隱私，從初次見面就會侵門踏戶，一一確認。

此外，她們也常藉由「聲音」來凸顯自己的存在感，例如走路很大聲、用力甩門、大力關櫃子等。是否要接收到聲音，不是大腦可以控制的，所以人很容易受聲音影響，造成不適與壓力。當處在必須不斷聽到巨大聲響的環境，容易感到自己遭受威脅，膽子也會愈來愈小。

但這些惡劣行為對女魔頭來說不過是惡作劇。她們已經太習慣這麼做，都是下意識採取這些行為。

一定會養手下或小妹

女魔頭非常害怕自己位居劣勢，必須時常確認身邊是否有「危險人物」或「背叛者」。

她們或許會裝得落落大方，把缺乏自信、擔心害怕、軟弱無能的一面隱藏起來，壓抑這些感受，好不被人看穿。

「就算是假的也沒關係，好希望有人簇擁著我，說我好棒、好厲害。」

她們認為孤單一人是極度悲慘的事情，對這樣的狀況避之唯恐不及。因此，女魔頭都會養手下或小妹。

只要有手下小妹，自己就能像「大家庭」裡的老大一般。就算這些人也不是真心服從自己，但只要能指揮別人、受人崇拜，就會感到安心。

因為身邊總是跟著手下和小妹，無論去到哪裡，態度都很囂張，不斷散發出「今天還不是因為有我才辦得到」的氛圍。

仔細觀察就能發現，有些人是為了不被當作箭靶，主動投靠女魔頭的麾下，不論女魔頭如何囂張都不敢吭聲。為了自我保護，這些人寧可活得委曲求全，像寄生在大型鯊魚旁的長印魚一般。

騎乘行為與扯後腿心理

在動物的社會關係裡，有所謂的「騎乘行為」（Mounting）[09]，是用來確認彼此的位階。而騎乘行為同樣可以套用在女性的人際關係上。

自卑女魔頭最在意自己有沒有比周圍的人都優秀，當感受不到自己在「上位」就會很不放心。一旦周圍出現了讓自己「好羨慕」、「贏不了」的人，就會想盡辦法把對方比下去，炫耀自己才是在上位者。

她們還有所謂的「扯後腿心理」。對於望塵莫及的對手，會想盡辦法找出對方的缺點，藉由不斷貶抑與陷害，把對方拉到和自己相同的水準。

08 日本將英文的Mounting一詞引申為把別人比下去、占上風的行為。

排斥「幸福」，因身為女性而受傷

很多女魔頭都曾因為「身為女性」而受傷。原因有很多，過去留下的傷痕讓她們無法因為「身為女性」而感到開心。

不論是誰，性別特質都是我們一輩子必須面對的課題。在日本社會，男性較占優勢。儘管如今倡導男女平權，女性有了更多舞臺和機會，但仍有不少在傳統環境成長的女性，長期以來被灌輸錯誤過時的價值觀，特別是跟「女人味」或「年齡」有關的價值觀，導致她們在追求自我實現時感到矛盾與壓力，無法打從心底自我認同。

此外，許多長輩仍對結婚生子保留過時的價值觀，我們便繼承了這些錯誤想法，又加諸到自己孩子身上。

在社會上被傳統價值觀壓得喘不過氣、無法打從心底認同女性特質，或與母親之間有著愛恨糾葛的女性所在多有。這樣的女性很難真正接受自己。反過來說，對於那些幸福洋溢、充滿自信活力，享受著身為女性的快樂與成就感的人，往往無法打從心底與她們建立良好關係。

同時，也會影響到與男性之間的關係。例如在信任、溝通上出現問題，或有關係障礙。

很多女魔頭深受傳統價值觀所束縛，再加上與母親、男性關係的影響，身為女性的自己受了傷，卻無法自我療癒。這樣的心理狀態導致她們看到別的女生幸福洋溢的模樣就會心生排斥，忍不住想找她們麻煩。

嫉妒心強，隨時都要跟人比較

前面章節已經反覆說明，強出頭的女魔頭內心隱藏著強烈的自卑感。這意味著她們很難接受「做不好的自己」，更不認為人即使表現不好其實也能獲得接納。

自卑的她們經常拿自己跟別人比較，容易心生嫉妒。有關「嫉妒心」這個議題，我在上一本書《嫉妒的規矩》（Forest出版）中有詳細的說明。簡單來說，一個人若無法好好處理自己的嫉妒，必會帶來極大的痛苦，於是轉為發洩到別人身上。

一開始，這種發洩通常會以惡意捉弄等小動作展現，但最後很可能演變成集體暴力。我也看過有的女魔頭會鎖定自己嫉妒的對象，指揮小弟小妹，成群霸凌對方。

第五章　如何保護自己不受女魔頭傷害？

光靠「正直」和「講道理」無濟於事

女魔頭讓所有人痛苦不堪、傷透腦筋。

前面章節透過形形色色的案例說明了女魔頭的內心世界與行為模式。那些不合理的攻擊行為背後隱藏著嫉妒、歧視、消除內心不適，以及最根本的原因——自卑感。

過去，我也曾在人際關係扭曲的職場上，長期飽受女魔頭和周圍同事各種不合理的攻擊。例如到職第一天向大家打招呼卻沒人搭理，也沒人告訴我開會日期，被排擠在小圈圈之外，幾乎處於孤立狀態。

不僅如此，好幾次都被迫接下根本不可能獨立完成的工作量。儘管我開口請求同事幫忙，但完全沒人願意伸出援手。我不得不在如此高壓的情況下繼續工作。

日子一久，便開始出現這樣的念頭：

「是不是我很奇怪？」

「我就是能力很差的新人。」

我不但開始自我懷疑，還變得每分每秒都將注意力放在那個壞心眼的女魔頭身上，導致無暇顧及原本該做的工作，接連發生很多低級錯誤，陷入惡性循環。

因為壓力愈來愈大，我變得疑神疑鬼。後來，我終於鼓起勇氣向主管說明這個狀況。我先是表明自己有心想努力，請求他制定工作規則，改善職場環境。沒想到得到的回答是：

「妳自己要先改變，對方就會跟著改變。」

「妳不是學過心理學嗎？為什麼自己不能解決？」

別說改善職場環境了，主管完全沒有意願介入調解，還提到不知多少新人因為女魔頭相繼辭職。看來他明明知道這號人物的存在，也為此感到困擾，卻抗拒解決問題，沒有採取任何行動，自始至終都選擇逃避。

這件事在我的內心深處留下負面影響，每次一想到這段痛苦回憶就覺得很難過。

現在，我成為了心理師，透過這份工作向社會大眾傳達心理健康在職場中的重要性、設法介入以改善組織環境、聆聽為此所苦的人們訴說煩惱，但仍有深深的無力感。

另一方面，我也認知到想解決騷擾與霸凌問題，光靠「正直」和「講道理」是沒有用的。面對女魔頭的惡意攻擊，正面迎擊行不通也是可想而知。

不過，在過去的諮商案例中，我仍遇到許多願意積極改善職場環境的主管與職員，還是有一群人默默努力著。這些努力的最終目標都是讓所有人能「保有自我，安心工作」。

「安心工作」或許是個理所當然又平凡無奇的目標，但實際上要達到這樣的狀態並不容易，涉及了許多複雜的挑戰。而這正是維護職業健康與生活品質的核心。

打造「心靈武器」讓自己處在精神優勢

我很清楚知道，騷擾行為說穿了都是「心理戰」，必須學會一招半式來保護自己的內心。在我深入理解女魔頭後，我認為各位必須具備肉眼看不見的「心靈武器」。

當然最好的方法是立刻離開女魔頭所在的環境。但這個方法不過是站著說話不腰疼，很多人迫於各種理由沒辦法立刻辭掉工作。

當時的我選擇把難過、不甘心、講道理都先擺一邊，集中精神設法保護自己。我採取的第一步是讓自己冷靜下來，好好觀察女魔頭和組織內部的人際關係。若不免一戰，那麼知己知彼，才能百戰不殆。開始這麼想之後，我突然看清楚女魔頭精神上的弱點與組織內的人間百態。

所以，正在煩惱的各位請聽我說：首要之務是保護自己的「內心」，這比任何事情都來得重要。為了那種人，讓自己精神壓力大到逼近崩潰，實在太不值得了。萬一真的身心狀況出了問題，最後連工作都不保的話，豈不是賠了夫人又折兵。

所以首先要練就「心靈武器」，讓自己在精神上比女魔頭居於上風。

騷擾應對全攻略！

我想請問各位男性：你的公司裡有沒有「老大」類型的女生呢？說不定也有不少男性被女魔頭要得暈頭轉向、時時得看對方臉色、疲於奔命吧！

又或者身為主管的你，遇到下屬商量女魔頭的問題，正煩惱該如何處理。若不處理，放任事態繼續發展，恐怕會被貼上「無能上司」的標籤。

接下來，我要介紹幾個具體的應對方式，請務必從中找到適合自己的方法，即使只有一個也沒關係。如果你感到「這個方法我可能做得到」，就代表踏出關鍵的第一步。保持這種想法很重要，請從今天開始實作看看。

RULE 1 保持最低限度接觸，不分享資訊

跟女魔頭說話，不論你開口講什麼，只會被挑語病，或陷入無限迴圈。她們缺乏包容不同意見的心，跟這種人無法討論事情，更不可能聊得來。對付這樣的人，我們能做的就是保持最低限度的交流，盡可能減少對話。

話雖如此，但在同個辦公室或屬於同個部門，難免必須每天打照面，或得定期面對面溝通。這種情況下要做的是「不要開啟話題」。只有打招呼時面帶微笑，點頭示意；倘若這個空間只剩下你們兩人，請集中精神在眼前的工作；萬一對方來問話不得不回答時，請用平和的語氣、簡潔有力地「句點」她。

比如對方問「上次那個企畫書，做得怎麼樣了？」時，簡短回答「〇月〇日交出去了」，避免支支吾吾，像是「嗯……我想應該再過幾天就可以交了」，一副不太有把握的樣子。一定要直截了當、簡潔有力結束彼此的對話。

另一個重點是，不要主動「分享資訊」，包含自己私人的事情在內，全都

不要告訴對方。

女魔頭的內心充滿了擔憂，所以會不斷問東問西，包括你家裡有什麼人、假日在做什麼，總之無所不問，對侵犯他人隱私毫不忌諱。即使被問了也不要全盤托出，必須有所保留。**不分享資訊就是一種「劃清界線」。**

POINT 和對方往來時，保持清楚的界線。

RULE 2 切勿走心，認真就輸了

女魔頭的攻擊性很強，老是用一些幼稚荒謬的理由發動攻擊。這樣的日子一久，真的會得憂鬱症。不僅如此，身邊一直有顆不定時炸彈，自然會把自己武裝起來，在心中築起一道高牆，變得愈來愈封閉。

有時，我們也會想正面迎擊，跟對方溝通、講道理，但這些方法只對「能

面對自己內心的人」有效。

女魔頭缺乏真正的自信心，這種不安全感導致她們產生強烈的恐懼，進而無法面對自己的脆弱面、不足之處，所以她們身上總是披著好幾副盔甲。面對這樣的人，一切「正道」都是沒用的。簡單說就是，跟她認真就輸了，千萬不要隨之起舞。

女魔頭會把任何「意見」都當成攻擊，回嘴只會更加刺激她們：

「我被這傢伙攻擊了！」

「我一定要反擊回去！」

任何光明正大、正當正派的態度與做法，她們都不可能接受，請務必記住對方就是這種人。

萬一遭受攻擊，除了不要和對方認真之外，也千萬別把她的話往心裡去，要不左耳進右耳出，要不充耳不聞，然後想辦法盡快離開現場。

「跟妳這種話不投機的傢伙多說無益。」

在心裡這麼暗暗告訴她吧！

POINT 沒必要把對方丟過來的球特地丟回去，用手掌輕輕拍落就好。

RULE 3 接住自己的情緒

在女魔頭日復一日的言語和精神攻擊下，很容易出現以下念頭：

「是我自己太不小心了。」

「我還不夠努力。」

「要趕快讓自己變得更強。」

反省的同時，也會壓抑心中憤怒、憎恨、羞愧等負面情緒。有些人還會陷入不可自拔的自責，不斷用「一定是我有問題」、「我太爛了」來苛責自己。處在暴力（包含精神暴力）的環境下，大部分的人都會出現這種想法。

我想請各位試著不壓抑那些負面情緒，好好正視它。

「我好難過，好受傷。」

「我恨死她了！」

「怎麼會有這麼爛的主管！」

試著理解情緒，和自己站在同一邊，容許自己有這麼負面的情緒，因為這些反應都是很自然的。

此時，其他過去一直累積的負面情緒很可能一口氣湧上心頭，不自覺地落淚、怒吼。就這麼做吧，沒關係。這些情感也是自己很重要的一部分，請好好接住它。

我們要控制的只有「行為」，所以不用否定「感受」，學會這件事就是守護內心的第一步。

POINT　肯定心中自然湧現的情緒，想像在自己胸口畫圓圈。

RULE 4 覺察身體發出的訊號

好好面對自己的情緒很重要，但有些人可能已經完全感受不到自己的情感了。情緒只有自己能定義，究竟現在是悲傷還是憤怒，因人而異。

除了心理，身體也能接收到許多情緒，比如「一聽到她的腳步聲就心跳加速」、「一聽到某人的聲音，身體就變得僵硬起來」。當無法判斷或分辨自己的情緒時，請把焦點放在身體上。我們的身體很優秀，能接受各式各樣的訊息並留下記憶，一接受到就會迅速反應，發出各種訊號。

身體和心理之間的關聯比我們想的更緊密，並且相互影響著。例如遇到開心的事，就會不知不覺忘記身體的疼痛；相反的，當身體太過疲勞，也很難有好心情。

同樣的，每種情緒都有相應的「身體反應」。以下舉幾個容易因情緒變化而自然發生的身體反應，各位可以參考看看，從中推測與理解自己的情緒：

◉**憤怒**：臉頰緊繃、握緊拳頭、下巴用力、胃部疼痛。
◉**悲傷**：胸口感到痛苦、心臟附近有空虛感、眼淚盈眶。
◉**寂寞**：胸口沉重、肩膀下垂。
◉**厭惡**：噁心感、臉頰緊繃、胃部不適、皺眉。
◉**不安**：呼吸短淺快速、身體顫抖、下半身發軟無力、肩膀或脖子緊繃、視線游移。
◉**害怕**：心跳加速、發抖、喘不過氣、無法呼吸、瞪大眼睛、動彈不得。
◉**焦慮**：心臟劇烈跳動、肩膀僵硬、呼吸急促。
◉**丟臉**：肩膀緊縮、身體和臉部發熱。
◉**希望**：身體內部湧現力量，胸口溫熱。
◉**幸福**：呼吸緩慢深層、緊張感消失、整個身體很溫暖。

——引用自芭貝特．羅斯柴爾德（Babette Rothschild）《身體都記得：創傷生理學與創傷治療》（*The Body Remembers: The*

Psychophysiology of Trauma and Trauma Treatment）。

透過身體訊號理解情緒後，再將它確實回饋到自己身上：

「我現在應該在生氣。」

「昨天我好像很不安。」

藉由這樣的步驟，就能保護自己的內心。

請把情緒看作是「人類生存所必需的能量」。壓抑情緒，就會缺少能量，整個人也會變得無精打采；反之，好好感受情緒，就會充滿能量，不論感受到的是悲傷或開心。

面對與理解自己的情緒，會讓人感到充滿能量，而這些能量會轉化為行動的動力。

POINT 接住身體發出的訊息。

RULE 5 「後設認知」與放鬆法

一旦遭受攻擊，內心就會動搖，不知下次攻擊何時會來。想擺脫這種狀態很困難，嚴重時可能連放假都在想這件事，一整天都擺脫不了這種念頭。

有些人想到明天又要見到女魔頭，可能會心悸。更多人的狀況是，雖然已經做好心理準備，但只要女魔頭出現在眼前，就不知該如何反應。

這種時候，請試著用從高空往下看的角度，遠望女魔頭和自己所處的環境。這種感覺就像站在雲端往下看自己和周遭，也就是從客觀角度檢視現狀，奪回掌控權。這種做法在認知心理學裡稱為「後設認知」（Metacognition）。這麼做有助於讓我們冷靜下來，奪回精神上的主控權。

「世界很大，我並沒有她講的那麼糟糕。」

「那種人去到哪裡都沒人會理她，真可憐。」

「她只是用攻擊來討愛罷了，像個小孩子一樣。」

後設認知會讓你開始感覺女魔頭有點「可憐」。光是這麼想，就不會像過去那樣那麼在意她，甚至對她完全改變看法，進而擺脫意志消沉、自我苛責的迴圈。

前面提到人的身體與心理會互相影響，當精神處在亢奮狀態時，「呼吸」和「接地」（Grounding）是很有用的技巧。呼吸和接地又稱「新式放鬆法」，有意識地進行這個方法能讓我們與不安、焦慮、憤怒、悲傷等負面情緒保持距離，找回內在的平靜。

面對女魔頭也可以用這個方法，釋放自己的能量來調和女魔頭散發的能量，避免自己的呼吸被對方的節奏帶走。這個步驟非常重要，可以避免被女魔頭牽著鼻子走。

負面情緒所散發出的能量、節奏強大的威力，其實很容易「傳染」。各位應該也曾有過被周遭氛圍吞噬，無法按照自己意志採取行動的經驗。請務必保持自己的節奏，冷靜守護自己的內心。

以下的「放鬆法」一點都不困難，今天就可以試試看：

放鬆法

1 雙腳確實踩在地面，就像扎根在大地一般。
2 深呼吸。
3 把臉抬起來。
4 想像每次吸氣時，都有美麗的光芒從頭頂進入身體中。
5 想像每次吐氣時，都把負面情緒往下流進地面。
6 感受腳底的感覺。

POINT **鍛鍊後設認知，找回呼吸的節奏。**

RULE 6 把她想成是平行宇宙的人

各位要不要試試看這麼想：女魔頭和你住在完全不同的世界，她是平行宇宙的人。

「你是住在和平與安心世界的人，女魔頭是住在不安與恐懼世界的人。」

你們是完全不同世界的人。這麼想就能把自己和對方的界線劃分清楚，心情也能平靜下來。

當一個人感受到自己的價值與內心的富足，就會想分享這份喜悅與幸福，表達感謝和體貼。反之，充滿擔憂、恐懼、嫉妒、創傷的人，不可能面對自己的內心，只會不斷主張「我沒有錯」，反覆攻擊與搶占上風，剝奪別人的幸福。

充滿分享的世界與充滿爭奪的世界，你想生活在哪一種呢？選擇相互扶持的分享型世界，會讓你更積極樂觀；選擇競爭激烈的掠奪型世界，則會讓你焦慮不安。

女魔頭選擇了掠奪型世界。她們每天都在比較、貶損、攻擊，充滿不安、恐懼、嫉妒、傷心的情緒，孤獨與不快樂是她們的真實寫照。

那你呢？先在心中決定自己想住在哪個世界吧！

我說過情感是「人類生存所必需的能量」，是驅動行為的內在力量。積極的情感能提高能量品質，消極的情感則會降低能量品質。當能量改變，行動會隨之改變，與他人的互動也會產生變化。如此一來，你就創造出自己的節奏。接下來，就輪到你帶領身邊的人跟著自己的節奏走了。

決定感受、改變能量、創造節奏、形成互動，就是人際關係的能量法則。

POINT 即使身在同一場所，也要想像內心處於不同世界。

RULE 7 守護內心的謊言與演技

如前所述，不否定自己的情緒，好好面對它是保護內心的第一步。內心的真實情感可以向家人、伴侶，或值得信賴的朋友傾訴，找到這樣的對象能為自己帶來力量。但女魔頭是攻擊你的「敵人」，向敵人自我揭露往往是自討苦吃，絕不可行。只有在願意好好對待你的「夥伴」面前，才值得展現真實的自己。

另一方面，如果女魔頭是職場上的主管或前輩，採取反抗態度或頂撞回去也非上策，回嘴只會增強她們的攻擊力道。

以常理來看，如果女魔頭是頂頭上司，確實要接受她的指令。但當你已經遭受對方攻擊，甚至成為霸凌標的時，請提醒自己正處於暴力的環境下，她的所作所為是在侵害你的人權。

此時，請打開「安全裝置」。舉凡編一些小謊、演戲裝傻都可以：

「○○姐，謝謝妳每次都會教我怎麼做。」
「課長的建議真是幫了我大忙。」

這肯定不是你的真實感受，你心裡其實對她們厭惡至極，但這都是為了維持情緒穩定、守護自己內心的必要謊言和演技，一邊在心裡吐舌頭一邊裝模作樣吧。

守護內心的謊言和演技，與傷害他人的謊言和演技是不一樣的，只要心裡能分清楚兩者的差別，掌握好分際就好。

POINT　開啟安全裝置也能保護自己的內心。

RULE 8 準備好「樣板答覆」

女魔頭的攻擊言行不知何時會掃射過來。各位是否也常因為攻擊來得太過突然而反應不及，一時之間回不出話，或是被其咄咄逼人的態度嚇到，腦筋一片空白呢？而且，是不是都要等到一段時間後才開始察覺自己的感受，然後愈想愈氣呢？

女魔頭對於「有害」人物，絕對會要求對方屈服。她們腦裡的劇本是對方「主動求饒」，或「哭喊『求求妳不要這樣對我』」，讓人絕對服從是她們的最終目標。這其實是她們下意識複製了自己過去曾被壓迫與傷害的經驗，但卻毫無察覺。

在媽媽圈或同好會裡，由於彼此間本來就是平等關係，可以先準備好一些「樣板答覆」，當對方突然發動攻擊時就可以用上：

「蛤？妳說什麼我沒聽到耶～」

「妳好兇唷！」

聽起來不像是責備，也不是在生氣，但是能讓自己出一口氣。重點是，主詞一定是「我」。以「我」開頭的句子，我稱之為「我訊息」，例如：

「妳說這種話，讓我覺得很不舒服。」
「我覺得妳剛剛很沒禮貌。」
「我需要一個道歉。」

不論什麼情況，不論面對任何人，都不允許自己的內心被傷害。所有騷擾行為都是精神暴力，準備好保護自己的謊言和演技，找到一些樣板答覆作為武器，都是降低對方再度攻擊的有效工具。

POINT **謊言、演技、樣板答覆都是內心的護身符。**

RULE 9 仔細觀察對方表情

大多情況下，攻擊性都是為了隱藏不安或恐懼的一種自我防衛。只要仔細觀察女魔頭的表情，就能漸漸發現「她其實很害怕」，從眼神、表情、態度都能清楚看出來。

儘管她那銳利的眼神和睥睨一切的雙眸散發出強大的氣勢與憤怒，但眼神一個游移便透露出恐懼。她們害怕被發現內心深處的自卑、對自我價值的懷疑。只要持續觀察，你一定能察覺到那個瞬間。

容易生氣的女魔頭，態度總是盛氣凌人；容易不安的女魔頭，老是大搖大擺，一副得意洋洋的模樣。

她們表現出什麼眼神、表情或態度，原因各不相同，可能出於自卑，或與父母的關係、過往的創傷。她們的憤怒，往往源自曾有過被壓迫的經驗，但因無處宣洩，便發洩在完全無關的人身上，透過攻擊來保護自己，不被內心的恐懼所擊敗。其實她們真正想發洩的對象不是你，而是心中的假想敵。

你可能不太敢正視對方的臉，但無論如何，請一定要抬起頭來，仔細觀察女魔頭的表情，特別是她的眼睛。

　女魔頭通常會趁著彼此有點距離、眼神沒有對上時提升攻擊力道，徹底把憤怒發洩在你身上。反倒是當你離她很近，又緊盯著她看的時候，攻擊性就會慢慢減弱。因為她擔心不安與自卑被你看穿，於是眼神開始游移，最後選擇逃離現場。可見被一個人牢牢盯著是多麼恐怖的事情。

　眼神會洩漏我們的情緒。當女魔頭攻擊的箭射過來時，請穩住自己的心，與對方的眼神對上，一邊專注深呼吸，一邊仔細觀察她的表情。如此一來，你會發現她開始出現一些不同反應：

「我這麼說都是為了你好。」

「我是因為看好你才這麼說的。」

　當你聽到這些話時，就代表你贏了！

　請記得，「我是為你好」的「你」通常指的不是對方，而是她們自己。

POINT 眼神會洩漏情緒。

RULE 10 當失去對事物的感受力，請尋求專家協助

有些人遭受嚴重霸凌，卻感覺不到痛苦或難過。

「我自己也有不好。」

「我已經習慣了。」

「沒事的。」

「我其實搞不清楚自己在想什麼。」

這種話我聽過很多次。這樣的人很可能已經陷入危險的「解離」狀態，也就是感測細微變化的功能故障了。

尤其是個性老實認真的人，容易把女魔頭的話當真，乖乖順從，覺得「都是我的錯」、「我要改變自己」，愈來愈自責。人一旦開始自責，就會被強烈的罪惡感吞噬，精神狀態遲早會出問題。繼續這樣下去，心理會影響生理，最後身體也跟著垮掉。

比如光是聽到女魔頭的腳步聲，就會心臟怦怦跳、臉頰顫抖；當女魔頭從旁邊經過時，突然感到背脊一涼，這都代表不論心理或身體都在承受巨大壓力。久而久之，大腦會啟動攸關生死的防禦機制，讓我們不再感受到那些因壓力而來的痛苦。

所謂「解離」，就是內心的感測器故障，精神處於凍結的狀態。當承受過大的壓力，大腦便會停止思考。當陷入解離狀態，對外界的刺激會變得遲鈍，甚至連快樂、開心的感受都會消失。例如「做什麼都開心不起來」、「幾乎每天都在發呆」、「提不起勁」，都是對各種刺激變得遲鈍的狀況。嚴重時，也會出現「沒發生什麼特別的事，但就是想哭」、「完全想不起以前的事」等狀況。

症狀如果愈來愈嚴重，可能會出現過度換氣，類似恐慌症的情況；也可能陷入憂鬱，產生「好想死」、「好想消失」的念頭。

若各位覺得自己似乎陷入上述狀態，不論症狀多麼輕微、發生頻率再怎麼低，請一定要向諮商心理師、臨床心理師等專家尋求協助。

有些陷入解離狀態的個案會表現得很冷靜，看似客觀地分析現狀：「後來仔細想想，我自己也有不對的地方。」「其實事情也沒那麼嚴重，是我太敏感了。」

但還是看得出他們不太對勁，一開始是眼神飄移，不敢直視我的眼睛，或是說起話來吞吞吐吐。我會盡可能讓他們說出自己遭受霸凌的情況，透過反覆嘗試，他們才慢慢開始有點反應。

如果已經進入解離狀態卻還不處理是很危險的，因為內心的感測器一旦故障，必須花費很長的時間才能復原。萬一各位覺得自己「好像怪怪的」，請務必尋求專家的幫助。

擺脫習得無助，奪回主體性

當處在言語或肢體暴力的狀況下，因為保護不了自己，會漸漸喪失「主體性」。所謂主體性，指的是按照自己的意志和判斷決定如何行動，也能對自己選擇的結果負責。

但身處在暴力的環境下，人的思考模式會有所改變，無法按照自己的意志與判斷採取行動。

美國心理學家馬丁·賽里格曼（Martin Seligman）在一九六七年提出「習得無助」（Learned helplessness）理論。習得無助指的是，當長期處在被霸凌、監禁、暴力，但卻無法抵抗與逃離的情況下，便會放棄反抗。

馬丁曾經針對這項理論進行了各種實驗，長期觀察受試者的變化。實驗結果顯示受試者皆陷入以下狀態：

◎停止採取行動來脫離當下狀況。

◎認為怎麼努力都無法改變現狀，連「可能改變」的想法都沒有。

◎無法擺脫壓力來源，導致情緒混亂。

相當數量的受試者即使處在極度高壓的環境，仍然不會採取行動讓自己避開壓力。習得無助理論因而獲得證明，也讓處在暴力環境卻不設法逃離的人的心理狀態，有了理論上的解釋。

希望各位在這種狀況下仍然堅信一件事，那就是：**「我是有能力的！」**這句話聽起來很簡單，但在現實生活中面對困難與挑戰時，很難打從心底相信自己擁有這種力量。

人生是自己的，你絕對有能力好好過完這輩子，我也很希望讓更多孩子知道這件事。堅持信念，相信自己的判斷，你的人生一定可以由你自己做主，你絕對有這個能力！

逃離、休息、戰鬥

很遺憾的，騷擾與霸凌問題無法根除，這恐怕是人類的課題。不論在世界的哪個角落，這些問題都存在。

一直以來，我會對前來諮商的個案這麼說：請立刻「逃離」危險的地方，如果還有能力可以稍微忍耐，那就先「休息」，之後再選擇其他路就好。

然而，我也親眼看見人的尊嚴一旦受了重傷，要復原談何容易。被深深傷害的心靈會留下巨大的陰影。所以我會和個案一起思考，如何鼓起勇氣，發出不平之鳴，不少人也選擇了這麼做。為了奪回自己的尊嚴，「戰鬥」有時是必要的。

「逃離」、「休息」、「戰鬥」是讓自己安心活著所需要的三項法寶。讓我們一起思考，尋找最適合自己的方法。

職場女魔頭使用說明書

第六章　如何不讓自己變成女魔頭

人人都可能變成女魔頭？

目前為止，我藉由各種騷擾案例詳述女魔頭的特徵與應對方法，內容或許讀來沉重，讓一些讀者感到心痛，但或許也有讀者決定開始改變所處環境，或重新檢視自己的人際關係。

我想大多數人都認為自己不可能變成女魔頭，但事實上，每個人都可能成為加害者。舉例來說，當長期遭受極大壓力或感到嚴重自卑，又無法妥善處理這些負面情緒時，會讓人感到失控或無力，也可能尋求傷害他人的方式，將內心的負面感受轉向外界，藉以找回自我掌控感與優越感。

如果不希望自己或重要的人成為加害者，平時就要做好自我照顧與情緒管理。身為心理工作者，多年來我進修過許多教育分析與團體治療的課程，充分感受到練習面對情緒，對建構人際關係非常重要。人際關係是社會生活的基礎，保持情感健康，不論在家庭、職場，或任何社群、團體，都會對人際關係帶來莫大幫助。

接下來我會建議各位如何面對自己的負面情緒，也會介紹讓人生更豐盛的心靈法則。

和嫉妒心好好相處

嫉妒是眾多情感當中尤其讓人感到痛苦的感受之一。嫉妒夾雜著羨慕與難受，是很負面的情緒，也會讓人很想逃避。

人類從一歲半自我開始萌芽後，就能感受到各種不同情緒。嫉妒可說是除了喜怒哀樂以外的「第五種情緒」，不論小孩或大人都會有深刻的感受。這種負面情緒有時會帶來有如被針扎到的刺痛感，強烈時甚至會像大浪湧來一般，感覺內心要被淹沒。

此時的重點是，盡可能在痛苦擴大、小浪還沒變成大浪之前先處理。

當我們因為「跟別人比較」而失去信心，感覺快要自我迷失的時候，嫉妒就容易出現。但嫉妒的出現，也是讓我們有機會察覺自己真正想要的東西是什麼。更進一步說，**嫉妒其實是告訴我們「對自己溫柔一點」的訊號**，而不是將這種情感轉向他人。

請先接受因嫉妒而難受的自己。其實不論何種情緒，都不要否定自己。如果無法自我肯定，請找一個能接納真實的你的人，或能給予你情感支持的人，和他碰面聊聊。

嫉妒是要我們對缺愛的自己溫柔一點的訊號。透過善待自己來緩解嫉妒帶來的負面影響，讓身心更健康。

面對自卑感，找回自信心

占有慾和自卑感是一體兩面，坐視不管就會變成嫉妒。

心理學裡有所謂的「補償作用」，是人類為了自我保護而下意識產生的防衛機制之一，也就是為了填補負面情緒，自然形成另一種情緒。

占有慾是自卑感的補償作用與外顯行為。因為不想觸碰內心的自卑感，於是換了個方式，以占有慾表現出來。比如不想承認自己比別人差、不想被發現自己其實很沒自信，為了填補自卑感，占有慾就會跑出來。當你發現自己想限制他人的行動，或希望團體裡的人受你掌控，就可能是為了填補自卑感，占有慾顯露了出來。

在變成控制他人的支配者之前，請先靜下心來問問自己：

「為什麼我會沒自信？」

如果獨自面對自卑感很痛苦，可以尋求像我這樣的心理師，我們就是為了這個需求而存在的。

接著，請試著一點一滴回想曾讓自己感到驕傲的事。假設你完全想不到，代表自尊心已經傷得太重。但是請放心，它並不是消失，只是沉睡在內心最深處。請試著想像自己充滿自信的模樣，慢慢找回自尊心。

梳理過去記憶

過去的想法、語言、行為造就了現在的我們，每個人都是過去經驗的「集合體」。

負面記憶會讓人很難專注活在「當下」，輕易就將我們帶回到過去。例如某個事件曾讓你感到痛苦，當類似情境出現時，可能會不自覺想起那個事件，感受過去的痛苦。也就是說，你的所思所想仍被過去經歷所影響著，很難完全活在當下。

你我的潛意識裡都烙印著過去酸甜苦辣的記憶和印象。腦海裡累積的記憶庫左右著現在的我們，就如色彩濃淡與陰影深淺會改變畫作一般，過去記憶也會影響我們如何看待自己的人生和選擇。

所以，整理過去記憶能幫助我們的人生步上正軌，不論是與父母的關係、成長歷程，還是所有已成定局的事實。

舉例來說，一個人之所以會霸凌別人，代表他的內心沒有獲得滿足。通常是對日復一日、一成不變的自己或現狀有所不滿，而這些不滿的源頭，大多來自烙印在潛意識中的過去記憶和思維模式。

無法梳理與面對過去記憶的人，無法正確理解自己，所以持續活在錯誤的自我形象中。有些人可能會高估自己的能力和價值，認為自己比實際情況來得強大或成功，因而造就出誇大的自我形象。

誇大的自我形象也是一種逃避面對內心的方式。把所有過錯都怪罪他人與環境，或許能感到短暫的輕鬆。但輕鬆的感覺只有一時，持續不了太久。在徹底擺脫這種狀態前，它都會不斷追上來。而愈是想逃，就愈是加深匱乏感，還可能在某個時間點因為某個事件再次湧上心頭，就這樣不斷重演，始終無法得到內心的平靜。

只要我們能接受現在的自己是過去所有好壞經驗的「集合體」，好好整理潛意識裡的記憶，遇到困難時抱持著「我有能力救得了自己」的信念，就能一步步改變人生。

要努力改變的永遠只有自己

人際關係都是從「與自我的關係」開始。不知道各位和自己的關係好嗎？每個人所要「努力」的對象，永遠只有自己。撇除一些特殊情況，例如遭遇霸凌、虐待、暴力等危及生命的狀況，因為當下的自己無能為力，一定要依靠第三者的介入與協助。

我在諮商時經常遇到個案說「我想改變我爸媽」、「我希望我先生能改變」。當事人的處境很辛苦，希望擺脫困境，因而前來諮商。身為心理師的我，能做的就是仔細傾聽，試著貼近他們的心。

然而，改變一個完全不認為自己需要改變的人，是非常困難的。諮商也是對「想改變自己」的人才有效果。所以我會對個案說：

「如果你想改變的是自己，我能提供處方幫助你。」

人際關係的基礎是「與自我的關係」。如果你總是小心翼翼觀察別人的臉色，那就注定被他人玩弄於股掌之中。如果你對待自己總是隨隨便便，別人也會那樣對你。

但是，一旦你開始重視自己，認真思考自己的人生，對方也會跟著好好面對自己。

你所做的所有努力，始終是關於你自己。要努力改變的，也永遠只有自己。只要能做到這點，就不可能成為霸凌加害者。腳踏實地為自己人生負責的人，是不可能成為加害者的。

結交知心好友

你身邊有多少人能接受最真實、原本的你呢？人一輩子又能遇到幾個像這樣的對象呢？恐怕屈指可數吧！畢竟就算是父母，也未必能完全接納自己的孩子。

一般認為小孩子如果身處在缺乏歸屬感的環境，自卑感會愈來愈強烈，就如精神病學家荷妮所說：「自卑感的背後是因為欠缺歸屬感。」這樣的人心中總是有著「很難與人有深度交流」、「自己不屬於任何團體」的想法，常感到孤單與自卑。

只要能和他人有心靈上的交流、真實的自己獲得他人的接納，就能緩解自卑感。但若從未獲得接納，便不知該不該以真實的樣貌活著，於是一味努力讓自己的外表光鮮亮麗。而愈是如此，就愈無法與他人有心靈上的交流，不斷進到錯誤的人際關係裡。

「不管發生什麼事，你就是你，這樣就很好了！」

如果有人能如此接納你，請一定要與他維持良好關係。

如果你身邊沒有這種朋友，請先換個環境，試著找到一個能結識知心好友的地方。捨棄表面上的人際互動，結交真正的知己吧！

對抗猜疑與恐懼

我們活著的每一天，都必須清楚辨識自己每個行動背後的動機是來自「恐懼」還是「愛」。

人的潛意識裡收藏了各種負面記憶與印象。《人生遊戲的贏家法則》（*The Game of Life and How to Play It*；繁體中文為青丘文化出版）是一本在美國暢銷了近一世紀的著作。作者佛羅倫絲・辛（Florence Scovel Shinn）在書中提到：「想要平安幸福地活著，就必須消滅潛意識裡的所有恐懼。」

恐懼是一種會把我們往錯誤方向推動的能量，必須設法將它導正回來。所謂推往錯誤方向的能量，就是**「把砲口朝向他人的能量」**。當我們心中有嚴重的自卑感，或無法接受自己的脆弱面，自卑與恐懼就會製造出誇大的自我形象，並向他人展開攻擊。透過攻擊別人、比他人占上風來暫時逃避自己的軟弱，騷擾就是最具代表性的行為。

比起有意識做點什麼，下意識產生的力量還要強大一百萬倍。可見人類是非常軟弱的生物，我也是其中一人。希望有所改變的同時，又懷抱著不想改變的心情；想要相信別人，又受過去記憶影響而無法相信任何人。人類心中總是充滿各種猜疑與恐懼。

然而，為了不要成為女魔頭，我們必須與過去的記憶與印象，以及從中而生的猜疑與恐懼好好相處。

個案常問我如何消除內心的恐懼，我的回答是：試著面對恐懼，而且要相信自己做得到。唯有正面迎擊，恐懼才會消失。

此外，我還會這麼說：當行為的動機是「恐懼」，通常不會有好結果，所以我們要時常檢視自己行為背後的動機，讓自己不論做什麼都是出於「愛」，而不是為了「自我滿足」。

唯有當各位的動機是「愛」，放下「自我」時，才能感受到真正的平靜。與人相處也是一樣，出發點是「愛」與「尊敬」才可能與他人有心靈上的交流。能做到這點，不就意味著你已經掌握了人生的幸福了嗎？

你過得幸福，就是貢獻社會

社群媒體的出現與普及，讓我們隨時隨地都能與全世界的人進行交流。但與個案深談的過程中，我發現社群媒體上的互動比我們想的更缺乏心靈交流，畢竟覺得沒必要就已讀不回、立刻封鎖。

我也感覺到在資訊爆炸的情況下，我們變得更相信「社會認定的價值」，反而逐漸失去了「自己的價值」。

在這樣的時空背景下，我聽著許多「活得很辛苦的人」訴說他們的經歷，有時讓我感覺在這樣的時代要感到幸福，似乎格外困難。

我們在優勝劣敗的社會裡互相競爭，容易執著於「贏過別人」，但也隱約感覺到，不論成就、金錢或地位，似乎都無法讓我們感受到真正的幸福。

或許，想得到幸福，就得活出自己的人生。這聽起來很抽象，意思是打從心底重視「自己」的感受與想法（常有人以為要重視的是家人等「他人」），並將這樣的價值觀融入生活。

了解自己，尊重所有自己覺得重要、讓自己舒服的事，具備這樣的能力會讓我們活得更像自己。

我深信，想擁有平靜幸福的人生、不變成女魔頭，唯有不受社會價值左右，當自己人生的主人才辦得到。

身為大人的我們若活得幸福，孩子們才能活得幸福，整個社會也會變得更好。

未來我也希望持續以心理工作者的身分，陪伴各位活出自我。

職場女魔頭使用說明書：
女人堆是非多？寫給不幸遇到鬼同事的你
「女子ボス」のトリセツ

作者	川村佳子（Keiko Kawamura）
譯者	黃紘君
主編	陳子逸
封面設計	大梨設計
校對	魏秋綢
特約行銷	劉妍伶
發行人	王榮文
出版發行	遠流出版事業股份有限公司
	104臺北市中山北路一段11號13樓
	電話／(02) 2571-0297
	傳真／(02) 2571-0197
	劃撥／0189456-1
著作權顧問	蕭雄淋律師
初版一刷	2025年2月1日
定價	新臺幣350元
ISBN	978-626-418-051-1

Printed in Taiwan

遠流博識網 www.ylib.com
Email: ylib@ylib.com

國家圖書館出版品預行編目（CIP）資料

職場女魔頭使用說明書：女人堆是非多？寫給不幸遇到鬼同事的你
川村佳子 作；黃紘君 譯
初版；臺北市：遠流出版事業股份有限公司；2025.2
192面；14.8 × 21公分
譯自：「女子ボス」のトリセツ
ISBN：978-626-418-051-1（平裝）

1. 女性 2. 霸凌

544.5 113018480